国投集团：责任投资驱动型社会责任管理

《国投集团：责任投资驱动型社会责任管理》编写组　编著

企业管理出版社
ENTERPRISE MANAGEMENT PUBLISHING HOUSE

图书在版编目（CIP）数据

国投集团：责任投资驱动型社会责任管理 /《国投集团：责任投资驱动型社会责任管理》编写组编著. -- 北京：企业管理出版社，2023. 1
ISBN 978 - 7 - 5164 - 2705 - 7

Ⅰ. ①国… Ⅱ. ①国… Ⅲ. ①国有企业 - 投资公司 - 企业责任 - 社会责任 - 研究 - 中国 Ⅳ. ①F832. 48

中国版本图书馆 CIP 数据核字（2022）第 165178 号

书　　名： 国投集团：责任投资驱动型社会责任管理
书　　号： ISBN 978 - 7 - 5164 - 2705 - 7
作　　者：《国投集团：责任投资驱动型社会责任管理》编写组
责任编辑： 徐金凤　田　天
出版发行： 企业管理出版社
经　　销： 新华书店
地　　址： 北京市海淀区紫竹院南路 17 号　　**邮　　编：** 100048
网　　址： http：//www. emph. cn　　**电子信箱：** emph001 @163. com
电　　话： 编辑部（010）68701638　　发行部（010）68701816
印　　刷： 河北宝昌佳彩印刷有限公司
版　　次： 2023 年 1 月第 1 版
印　　次： 2023 年 1 月第 1 次印刷
开　　本： 710mm × 1000mm　1/16
印　　张： 11. 75 印张
字　　数： 152 千字
定　　价： 59. 00 元

总　序（一）

感谢读者朋友们对中央企业社会责任管理工作、对中央企业社会责任管理之道丛书的关注与支持！

企业在自身发展的同时，应该当好“企业公民”，饮水思源，回报社会，这是企业不可推卸的社会责任，也是构建和谐社会的重要内容。大量事实证明，只有富有爱心的财富才是真正有意义的财富，只有积极承担社会责任的企业才是最有竞争力和生命力的企业。重经济效益、轻社会效益的企业，只顾赚取利润、不顾安全生产的企业，终究难以持续。这一重要论述充分阐明了履行社会责任对企业可持续发展的重要意义。

国有企业是中国特色社会主义的重要物质基础和政治基础，是党执政兴国的重要支柱和依靠力量。中央企业大多处在关系国家安全和国民经济命脉的重要行业和关键领域，在我国经济社会发展中发挥着不可替代的重要作用，履行社会责任可谓中央企业的“天职”。经过多年改革发展，中央企业的规模不断扩大、活力不断增强、创造力不断提升，在履行社会责任方面更应走在前列、做出表率。

多年来，一大批中央企业大力开展社会责任工作，不仅做到了实践上有亮点、理论上有创新，同时，还实现了形象上有升级、管理上有提升，形成了丰富多彩、成效显著的企业社会责任管理推进路径和做法，具备总结形成管理模式的条件。中央企业通过践行社会责任，走上与社会共同可持续发展之路，为我国全面建成小康社会和联合国2030可持续发展目标做出积极贡献；也通过对企业社会责任管理的不断探索，在丰富全球企业管理理论方面做出了自己的独特贡献。

我们出版这套中央企业社会责任管理之道丛书，希望通过适时总结、分享中央企业的社会责任管理推进模式，起到以下几个方面的作用：一是通过系统总结分析，进一步推动中央企业提升社会责任管理工作；二是支持中央企业成为全球履行社会责任的典范，服务于建设“具有全球竞争力的世界一流企业”；三是为中央企业参与全球市场竞争奠定基础，成为高质量共建“一带一路”的表率；四是为其他企业开展社会责任管理工作提供有益借鉴，为全球可持续发展贡献来自中国企业的最佳实践经验。

2020年，丛书选取国家电网、中国建筑、华润集团等中央企业为代表，总结了这些企业各具特色的社会责任推进模式，出版了《国家电网：双向驱动、示范引领型社会责任管理》《中国建筑：品牌引领型社会责任管理》《华润集团：使命驱动型社会责任管理》。

2021年，丛书选取中国核电、国家能源集团、中国三峡集团为代表，出版了《中国核电：公众沟通驱动型社会责任管理》《国家能源集团：可持续驱动型社会责任管理》《中国三峡集团：初心引领型社会责任管理》。

2022年，丛书选取中国石油、国投集团、中交集团、中国广核集团为代表，出版了《中国石油：价值引领型社会责任管理》《国投集团：责任投资驱动型社会责任管理》《中交集团：愿景驱动型社会责任管理》《中国广核集团：使命引领、透明驱动型社会责任管理》。

我们期待丛书的发布能够搭建中央企业社会责任管理交流的新平台，推动中央企业社会责任管理迈上新台阶，助力中央企业立足新发展阶段、贯彻新发展理念、构建新发展格局，通过全面、系统、科学履行社会责任，加快实现高质量发展！

中央企业社会责任管理之道丛书编委会

2022 年 9 月

总　序（二）

企业社会责任已成为新一轮经济全球化的重要特征。自20世纪初以来，全球企业社会责任的发展经历了20世纪70年代之前企业社会责任概念产生阶段，20世纪70年代后至20世纪末的企业社会责任欧美共识阶段，21世纪初至今，企业社会责任进入全球共识阶段。

2000年以来，企业社会责任在中国发展迅速。中国企业社会责任的发展由概念辩论走向基本共识，进而发展到企业社会责任管理阶段，与全球企业社会责任管理实现了快速同步。

2000—2005年是现代企业社会责任概念的辩论阶段，社会各界对企业履行社会责任问题还处在概念辩论的时期。2006—2011年是中国企业社会责任基本共识阶段。在这个阶段，中国全过程参与社会责任国际标准ISO 26000的制定，并最终对ISO 26000投了赞成票。这个赞成票是在参与制定ISO 26000的六个利益相关方群体意见基础上最终决定的，也是中国企业社会责任发展的利益相关方第一次全面达成共识。2012年以来，中国企业社会责任管理实践蓬勃发展。

2006年和2012年是中国企业社会责任发展的两个重要里程碑。2006年可称为中国企业社会责任元年，其重要标志是新修订的《中华人民共和国公司法》明确提出公司要承担社会责任。国家电网公司首份社会责任报告得到了中央领导的批示和肯定。2012年可称为中国企业社会责任管理元年，其重要标志是国务院国有资产监督管理委员会（以下简称国务院国资委）将社会责任管理列为中央企业管理水平提升的13项重点措施之一，企业社会责任管理成为提升中央企业管理水平的重要内容。自此，中国企业社会责任进入社会责任管理发展的新阶段，众多中央企业开始了丰富多彩的企业社会责任管理探索和实践，打开了各类企业从履行社会责任到系统开展社会责任管理的新篇章。

企业社会责任管理

一般来说，企业社会责任管理是指企业有目标、有计划、有执行、有评估、有改进地系统性开展社会责任实践的活动；具体地说，是企业有效管理其决策和活动所带来的经济、环境和社会影响，提升责任竞争力，最大化地为利益相关方创造经济、环境和社会综合价值作贡献，推动社会可持续发展的过程。企业社会责任管理包括社会责任理念管理、生产运营过程的社会责任管理及职能部门的社会责任管理。企业社会责任作为一种发展中的新型管理思想和方法，正在重塑未来的企业管理，具体体现在重塑企业管理理念、管理目标、管理对象和管理方法等方面。

重塑企业管理理念。企业将由原来的股东（投资人）所有的公司转向由股东和其他企业利益相关方共同所有的公司；企业将由原来的盈利最大化或者股东利益最大化转向追求兼顾包括股东在内的利益和诉求的平衡，追求经济、环境和社会综合价值的最大化和最优化，实现企业可持续经营与社会可持续发展的多赢和共赢。

重塑企业管理目标。企业责任竞争力将会成为企业未来的核心竞争力。企业责任竞争力就是企业在运用自身专业优势解决社会和环境可持续发展所面临的挑战和问题的同时，还能取得良好的经济效益，其根本目标是服务企业、社会和环境的共同可持续发展，其本质是企业的决策和活动做到公平与效率的有机统一。

重塑企业管理对象。企业的管理对象由原来的集中于企业价值链对象的管理扩展到更广泛的利益相关方关系管理。特别重要的是将企业社会责任理念融入其中，从而形成企业各利益相关方的和谐发展关系，取得各利益相关方更大范围的认知、更深程度的认同和更有力度的支持。

重塑企业管理方法。在企业治理理念上，要创造更多的形式，让更多的利益相关方参与公司的重大决策，包括企业管理目标的制订。在生产运营各环节上，更加重视发挥更多利益相关方的作用，使他们能以各种方式参与到企业生产运营的各个环节中来，包括企业的研发、供应、生产、销售及售后服务等，使每个环节都最大限度地减少对社会、经济和环境的负面影响，最大限度地发挥正面效应。特别是通过不断加强与利益相关方的沟通及对其关系的管理，企业能够更加敏锐地发现市场需求，能够更加有效地开拓无人竞争的、全新的市场空间，把握商机。

中央企业社会责任管理推进成就

中央企业是我国国民经济的重要支柱，是国有经济发挥主导作用的骨干力量，履行社会责任是中央企业与生俱来的使命，全社会对中央企业履行社会责任有着更高的要求与期待。

国务院国资委高度重视中央企业社会责任工作，从政策指导、管理提升、加强沟通等方面全面推动中央企业履行社会责任。在国务院国资委的指导下，一批深耕企业社会责任管理的中央企业不仅做到了在理论上有创新，在实践上有亮点，而且实现了管理上有升级、竞争力上有提升，推动企业社会责任管理发展进入新的境界。观察和研究发现，中国的一批一流企业通过探索社会责任管理推进企业可持续发展的新路径，形成了丰富多彩、成效显著的企业社会责任管理推进模式。

2022年，位列《财富》世界500强第三位的国家电网有限公司，经过十余年的持续探索，走出了一条双向驱动、示范引领的全面社会责任管理推进之道，全面社会责任管理的综合价值创造效应正在公司各个层面逐步显现。全球最大的投资建设企业——中国建筑集团有限公司走出了一条品牌引领型的社会责任管理推进之道，从开展社会责任品牌及理念管理出发，以社会责任理念重新定义企业使命，细化社会责任管理指标，通过将职能部门管理落实到企业生产运营过程中，形成了社会责任管理的完整循环。作为与大众生活息息相关的多元化企业，华润集团走出了一条以使命为驱动的履责之路，将使命作为社会责任工作的试金石，塑造责任文化，开展责任管理，推动责任践行，实现承担历史使命、履行社会责任和推动企业可持续发展的有机统一。

中国核电以响应时代变革与利益相关方多元化诉求为驱动，形成了公众沟通驱动型社会责任管理。通过公众沟通找准公司社会责任管理的出发点和着力点，在推进社会责任管理提升的同时，对内培育富有激励、富有特色、积极向上的企业文化，对外提升中国核电的品牌影响力、感召力和美誉度，形成了“责任、品牌、文化”三位一体推进社会责任的管理之道。国家能源集团在原国电集团以“责任文化推动”、大规模发展新能源为主题和原神华集团“战略化组织化推动”、以化石能源清洁化和规模化发展为主题的履责特征的基础上，探索形成了可持续驱动的社会责任管理推进模式。其具体方式是以可持续方式保障可持续能源供应为目标，以“高层表率、再组织化、责任文化推动”为特征，以“化石能源清洁化，清洁能源规模化”为核心履责主题。中国三峡集团秉承建设三峡工程、护佑长江安澜的初衷，在实践发展中凝聚成“为国担当、为民造福”的责任初心，并以此为引领形成了初心引领型社会责任管理推进模式。其具体内涵是以责任初心为根本遵循，形成了由“战略定力”“多方参与”“机制保障”“透明沟通”构建的四位一体推进路径，致力于创造利益相关方综合价值最大化。

中国石油在“绿色发展、奉献能源，为客户成长增动力，为人民幸福赋新能”的价值追求引领下，在长期的社会责任管理实践过程中，形成了独具特色的价值引领型社会责任管理模式。公司识别出与自身发展紧密相关、利益相关方重点关注的八大责任领域，通过“理念引领、责任驱动、管理融入、影响评估”的系统管理流程，推动社会责任理念和要求融入战略、管理和生产经营，指引全体员工在工作岗位中自觉践行社会责任要求，实现了从理念、管理、行动到绩效的良性社会责任工作循环，持续创造了更高的经济、环境和社会综合价值。

国家开发投资集团（简称国投集团）坚持以“投资创造更美好的未来”为使命，以“成为世界一流资本投资公司”为愿景，致力于成为“产业投资的引领者、美好生活的创造者、持续回报的投资者”，坚守“战略投资、价值投资、责任投资”理念，将ESG（环境、社会和企业治理）理念全面融入投前决策、投中监控、投后管理的投资管理全流程中，以责任投资实现价值增长，形成了责任投资驱动型社会责任管理模式，拥抱可持续发展。

中交集团始终怀揣“让世界更畅通、让城市更宜居、让生活更美好”（以下简称“三让”）的企业愿景，将社会责任全面融入战略、管理和运营，逐渐形成了具有鲜明特色的愿景驱动型社会责任管理模式。其内涵在于以“三让”愿景为核心驱动力，在全集团范围内凝聚合力，形成由“精准引领”“系统管理”“全面实践”“立体传播”构成的社会责任管理推进路径，推动中交集团持续创造经济、社会和环境综合价值。

中国广核集团（以下简称中广核）始终坚持完整、准确、全面贯彻新发展理念，坚守“发展清洁能源，造福人类社会”的企业使命，深入开展责任沟通，深耕核安全、经济、社区、环境四大责任领域，形成具有中广核特色的使命引领、透明驱动型社会责任管理模式，也称为NICER社会责任管理模式。由内向外的使命引领和由外向内的透明驱动机制，促使中广核善用自然的能量的社会责任实践更实、更精、更深，助其成为世界一流企业履行社会责任的典范，也为全球可持续发展贡献中广核力量。

我们欣喜地看到这些中国一流企业正在通过社会责任管理书写企业管理创新的历史，中国企业社会责任管理正在中央企业的带动下，登上世界企业管理的舞台。

中国企业管理发展的历史机遇

企业社会责任是经济社会发展到一定历史阶段的产物，是经济全球化和人类可持续发展对企业提出的更多、更高和更新的要求，也是人类对企业的新期待。社会责任管理是全球先锋企业在这一领域的新探索和新进展。社会责任管理对全球企业来讲都是一个新课题。如果说改革开放以来，中国企业一直处于向西方企业不断学习企业经营管理理念和经验的阶段，那么，社会责任的发展为中国企业提供了在同一起跑线上发展新型经营管理之道的难得机会。中国企业如果能创新运用社会责任管理理念和方法，率先重塑企业管理，将有望在全球市场竞争中赢得责任竞争优势，在为全球企业管理贡献中国企业管理经验的同时，引领新一轮更加负责任的、更加可持续的经济全球化。

本套丛书将首先面向中国社会责任先锋企业群体——中央企业，系统总结中央企业将社会责任理念和方法系统导入企业生产运营全过程的典型经验。其次，持续跟踪研究中国各类企业的社会责任管理实践，适时推介企业社会责任管理在中国各类企业的新实践、新模式和新经验。

最后，借助新媒体和更有效的传播方式，使这些具有典型意义的企业社会责任管理思想和经验总结走出企业、走向行业、走向上下游、走向海内外，成为全球企业管理和可持续发展的中国方案样本。

本套丛书着眼于国内外、企业内外传播社会责任管理方面的做法和实践，主要有以下几个目标：面向世界传播，为世界可持续发展贡献中国企业智慧；面向中国传播，为中国企业推进社会责任管理提供样本；面向企业传播，为样本企业升级社会责任管理总结经验。

中国企业以什么样的精神状态拥抱新时代？坚定地推进企业社会责任管理，依然是一流中国企业彰显时代担当的最有力的回答。企业社会责任只有进行时，没有完成时，一流的中国企业要有担当时代责任的勇气、创新进取的决心，勇做时代的弄潮儿，不断在企业社会责任和可持续发展道路上取得新突破。这是世界可持续发展的趋势所向，也是中国企业走向世界、实现可持续发展的必由之路。

只有积极承担社会责任的企业才是最有竞争力和生命力的企业。创新社会责任管理将是企业积极承担社会责任的有效路径，是实现责任竞争力和长久生命力的新法门，希望这套中央企业社会责任管理之道丛书能为企业发展贡献绵薄之力。

企业社会责任管理无论是在理论上还是在实践上，都是一个新生事物，本丛书的编写无论是理论水平还是实践把握，无疑都存在一定的局限性，不足之处在所难免，希望读者不吝提出改进意见。

丛书总编辑

2022 年 9 月

序

中国共产党的中心任务就是团结带领全国各族人民全面建成社会主义现代化强国、实现第二个百年奋斗目标，以中国式现代化全面推进中华民族伟大复兴。中流击水，奋楫者进。当前，随着我国经济已由高速增长阶段转向高质量发展阶段，作为国民经济的重要骨干和中坚力量，中央企业履行社会责任已不是“额外付出”，而是一种必要的管理责任，关系着全社会的可持续发展。

国家开发投资集团有限公司（以下简称国投）作为首批国有资本投资公司，坚持以习近平新时代中国特色社会主义思想为指导，科学把握新发展阶段，完整、准确、全面贯彻新发展理念，以实际行动担当履责，推动社会责任理念融入发展战略与日常经营，不断完善社会责任管理机制，探索社会责任工作绩效考核，拓展社会责任沟通方式，推进责任品牌建设。

2009年，国投发布第一份社会责任报告，首次面向公众全面展示公司的社会责任理念和实践，从此形成了每年递交一份国投社会责任答卷的惯例。通过多年的坚持与开拓，国投人不断用实际行动作践行社会责任的表率。国投加快绿色低碳转型，重点发展水电、风电、光伏等清洁能源，聚焦水处理、固废处理业务等相关领域项目的投资与并购，始终将布局环保产业作为企业发展与奉献社会的战略举措。国投通过设立先进制造产业投资基金、新兴产业创投引导基金、科技成果转化基金等国家级产业基金，发挥国有资本的投资导向和引领作用，积极培育、扶持清洁能源和环保产业。国投聚焦服务社会、服务民生，通过发展普惠金融、普惠养老等，努力服务于社会各群体以实现同质的发展权利和平等的分享权利。助力脱贫攻坚，国投启动“可持续振兴计划”，运用“无偿帮扶和基金引导”两种方式，因地制宜实施五大振兴工程，促进帮扶地区全面巩固脱贫攻坚成果，全力拓展乡村振兴举措。2021 年，国投与中国投资协会国有投资公司专业委员会全体会员单位共同签署了《负责任投资承诺书》，推动更多国有投资公司共同践行负责任的投资理念。

从带有责任投资特质的发展思路初步形成，到责任投资理念进入国投的战略核心，再到责任投资逐渐成为品牌特色，国投开展社会责任管理工作的思路逐渐清晰，逐步在投资管理中融入责任投资理念，并通过投资链条将责任理念传导至被投行业和企业，在应对气候变化、保护生物多样性、促进经济社会包容性增长等方面积极探索实践，努力打造符合国有资本投资公司定位、具有国投品牌特色的社会责任管理体系。

截至 2021 年，国投已连续 18 年获得国务院国资委经营业绩考核 A 级，连续六个任期荣获任期考核 A 级，成为 8 家连续 18 年获 A 级的中央企业之一。面对新冠肺炎疫情的冲击及内外部复杂严峻的经营形势，国投始终坚持以投资促进可持续发展，致力于成为产业投资的引领者、美好生活的创造者与持续回报的投资者，走规范、健康、可持续发展之路。国投的社会责任管理工作为国投高质量发展注入源源不断的发展动力，也为构建具有国有资本投资公司特色的社会责任管理体系贡献了国投方案和国投智慧。

站在“18A”的起点上，秉持成为世界一流资本投资公司的发展愿景，国投将继续践行“战略投资、价值投资、责任投资”的投资理念，不断完善社会责任管理体系，追求长期价值回报，实现更高质量、更有效率、更可持续的增长。

目 录

第一章

发展历程中的社会责任基因

国有企业，尤其是中央企业，办企业的宗旨是什么？对于这一问题的回答，事关国有企业存在的根本理由和发展方式的选择。

1995年5月5日，国投在投融资体制改革的大潮中应运而生。根据国务院《关于组建国家开发投资公司的批复》（国函〔1994〕84号），国投的主要业务范围如下：承担少数不宜通过国家控股公司和中央企业集团参股、控股的政策性项目；扶持老少边穷地区经济发展的重大项目；原由国家六个专业投资公司经营，目前又难以转移到其他单位经营的中外合资或参股的项目，以及其他不宜通过国家控股公司和中央企业集团参股的项目。同时，文件还要求，国家开发投资公司承担以上项目，主要起政策导向作用，业务量不宜过大（大体不超过国家开发银行软贷款的15%），也不参与项目的经营管理。项目建成后，原则上股权应转移到国家授权的有关经营单位。

可以说，以“拾遗补缺”作为最初功能定位而成立的国投，从诞生之时就带着服务国家战略的社会责任基因，并一直沿着“服务国家战略”的主导思想持续前进。

2003年，国投贯彻“以人为本”的治企理念，提出“为出资人、为社会、为员工”的“三为”企业宗旨，丰富了投资公司承载的社会责任内容，完善了投资控股公司的企业文化内涵。

2009年，国投首次发布社会责任报告，面向公众全面展示公司的社会责任理念和实践。“国家强盛的根基在于经济，经济强大的根基在于企业。为社会创造财富，促进经济社会繁荣发展是企业的根本责任。”自此，每年提交一份“责任”答卷，成为国投的惯例。

国投始终认为，国有企业就是要始终将自身的发展与国家的需要相结合，服务于国家经济发展战略，实现国有资产的保值增值；就是要依法经营，诚实守信，承担起应尽的社会责任，与整个社会和谐共荣；就是要依法保障和落实广大员工的各项权利，确保员工能够共享国投改革发展成果。

在国投的发展历程中，回馈社会、回报国家、回应时代的责任始终鲜明，已经内化为国投人的责任自觉、外化为国投人躬行不怠的责任担当，国投致力于成为产业投资的引领者、美好生活的创造者、持续回报的投资者，坚持以投资创造更美好的未来。

一、服务国家战略的初心使命

1988 年，为推进投资体制改革，用经济办法管理投资，国务院决定组建六大专业投资公司，开始在国民经济基本建设投资领域探索从计划向市场方式的转变。1994 年，为进一步推动投融资体制改革，六大投资公司全部撤销，并在此基础上于 1995 年成立了国家开发银行和国家开发投资公司（现为国家开发投资集团有限公司），其中国家开发银行承接六大投资公司的债权债务，国家开发投资公司承接六大投资公司的股权投资。国投是中国投融资体制改革的产物。国投的发展历程是中国经济体制从计划经济向市场经济转轨、中国经济发展方式从粗放向集约转型的历史进程的一个缩影。

国投自 1995 年成立以来，先后经历了“一次创业”“二次创业”“深化改革，转型升级，创新发展”等阶段，目前正在致力于建设世界一流资本投资公司。回顾各个发展阶段，国投根据国家战略的需要和外部经营环境的变化，不断调整优化自身战略，明确发展目标、发展思路和发展举措，形成了国投最核心的可持续发展之道。

公司成立之初，划分到国投的资产“多、小、散、差”，承接的六大投资公司的项目中，最大的二滩水电站资产 258 亿元，最小的甲鱼项目资产只有几万元，还有许多项目资不抵债、收不抵支，公司财务良性循环面临困境。

面对这样的局面，国投提出了“求生存、打基础、谋发展”的战略目标，并选择“隐姓埋名”：不上电视，不上电台，不上报纸，低调做事，专注于服务国民经济发展。经过 8 年的艰苦奋斗，从乱到治，从亏损到盈利，从分散到集中，国投初步建立了适合投资控股公司特点的母子公司管理体制和经营机制。

解决了如何生存的问题之后，国投开始思考如何实现更好的发展。2003 年，国投作出了“二次创业，振兴国投，加快公司发展”的决策部署。在二次创业期间，国投找准能源、交通等国民经济痛点和难点，重点投资了一批关系国计民生的重大项目。

雅砻江是中国十二大水电基地中，各项指标最优越、最具开发价值的基地之一。国投抓住国家推动水能资源合理利用的有利契机，提出科学有序开发雅砻江全流域水能资源，布局了总装机 3000 万千瓦、22 座水电站开发路线图，确立了“四阶段”开发的时间表，开创了“首尾呼应、全江联动、多点开花、有序推进”的一条江开发模式。为响应我国“双碳”发展目标、助力构建“清洁低碳，安全高效”的现代能源体系，国投加快布局新能源流域化、集约化、规模化、科学化开发，全力推进雅砻江流域水风光互补绿色清洁可再生能源示范基地建设。2022 年 7 月 8 日，全球最大的水光互补电站雅砻江两河口水电站水光互补一期项目——柯拉光伏电站正式开工建设，建成投产后，雅砻江水电绿色清洁可再生能源总装机将超过 2000 万千瓦。雅砻江流域水风光互补绿色清洁可再生能源示范基地每年可贡献清洁电能超 2200 亿千瓦时，相当于每年减少标准煤消耗约 7000 万吨，减少二氧化碳排放约 1.8 亿吨。

在进行流域开发的基础上，雅砻江水电公司还以产、学、研合作的方式助推国家基础科学研究，开辟了国有大型企业支持国家基础科学研究的先河。2019 年 7 月，雅砻江水电公司和清华大学共同建设中国首个、世界最深的地下实验室——极深地下极低辐射本底前沿物理实验设施（锦屏大设施）。截至目前，锦屏地下实验室取得了一系列重大研究成果，在较短的时间内使我国暗物质直接探测实验从无到有，从“跟跑”到“并跑”，助力我国在暗物质和核天体物理研究领域进入全球第一方阵，雅砻江水电公司在支持国家基础科研方面发挥了重大作用。在天津北疆区域，国投投资建设了国家首批循环经济试点项目和示范项目之一——国投北疆电厂，它是国内首批海水淡化产业发展试点单位。作为国内首个向社会大规模供水的海水淡化工程，海水淡化最大产能为 20 万吨/日。

在新疆罗布泊无人区，国投投资建成全球储量最大、产量最大的硫酸钾生产基地，使我国钾肥进口依存度从 75% 下降到 40%，改变了世界硫酸钾生产格局，缓解了我国钾肥供应紧缺的局面。

自“二次创业”以来，国投在多个国家战略架构中都有相应的项目落地，有些项目还做到了提前预判，显示出超前的战略判断力。当国家推行京津冀协同发展战略时，国投已经完成曹妃甸码头项目规划；当国家提出加大海峡西岸发展战略时，国投已经投资湄洲湾项目；当国家启动东北老工业基地振兴计划时，国投推动了东北振兴金融合作机制的建设；当国家提出发展雄安新区的千年大计时，国投是第一时间响应中央建设雄安新区重大决策的央企。这种战略超前的思维导向，让国投能够紧跟国家经济发展的大局，应接国家战略转型的节奏，成为国家战略落地的重要基石。

在此过程中，国投也从“拾遗补缺”逐渐走向了国民经济的主战场，较好地发挥了国有资本投资公司在结构调整、投资导向和资本运作方面的独特作用，初步探索出适应市场经济发展要求、具有中国特色的国有投资控股公司管控模式和发展模式。

2014年，国投被国务院国资委确定为首批国有资本投资公司改革试点单位。国投开始对如何发挥国有资本的作用进行系统思考和总结。国投认为，国有资本投资公司应充分发挥国有资本的导向作用，把国有资本投入到国家最急需、社会最短缺的领域；促进国有资本流动，在供给侧结构性改革和国家产业结构调整过程中发挥带头作用；发挥资本运营的作用，带动更多国有资本、社会资本共同服务国家战略，实现“国民共进”。

2015年，国投做出了“全面深化改革，推进转型升级，加快创新发展”的战略部署。面对经济新常态下传统产业产能过剩、环境资源问题影响高质量发展等情况，国投把握社会发展周期、产业周期和经济周期的规律，积极推动供给侧结构性改革，坚持有进有退、有所为有所不为，不断调整优化业务结构，提高资源配置效率，发挥结构调整作用。

煤炭业务曾是国投的支柱性产业之一。为响应国家供给侧结构性改革的号召，2016年8月，国投与中煤集团、国源煤炭资产管理公司举行煤炭业务及相关资产移交协议签字仪式，成为第一家从煤炭业务整体退出的中央企业，移交涉及员工近4万人、资产500多亿元、煤炭产能约3500万吨。

近年来，国投通过市场化机制，退出了不符合发展方向的、落后的、产能过剩的项目超过300个，回收资金全部投向国家需要重点发展的行业和区域，充分发挥了服务国有资本布局优化和结构调整的作用。

国投还通过股权投资基金的方式，利用国有资本带动庞大的社会资本投资，引导新兴产业发展和经济转型升级。截至2022年5月，国投管理的私募股权基金规模达2113亿元，累计投资项目852个，累计投后上市项目229个（含科创板挂牌105家）。

国投领导班子认识到国有资本投资公司在解决新时代社会主要矛盾

中应该发挥独特作用，于2017年作出了“服务国家战略，全面深化改革，推动高质量发展，加快建设具有全球竞争力的世界一流资本投资公司”的战略部署，将公司核心战略聚焦于“为新兴产业做导向”和“为美好生活补短板”两大方向，按照中央提出的制造强国、网络强国、质量强国、美丽中国、脱贫攻坚、创新驱动等战略部署，引导社会资本向国计民生产业集中，向先进制造、生态环保、生物乙醇、智能科技、健康养老、检验检测等方向聚焦，积极投身于“一带一路”、京津冀一体化、长江经济带、“互联网+”行动计划等与引领发展和提高供给质量密切相关的领域。

2020年后，国投提出进入以“机制活、结构优、效益好、作用强”为主线的新国投时代，坚持战略投资、价值投资、责任投资，致力于做产业投资的引领者、美好生活的创造者、持续回报的投资者，为高质量发展助力。

2022年6月，国务院国资委印发《关于国有资本投资公司改革有关事项的通知》，明确国投正式转为国有资本投资公司。

坚持服务国家战略，优化国有资本布局，提升产业竞争力，在重要行业和关键领域发挥国有资本的引领和带动作用、实现国有资本保值增值是国投一直坚持的战略定位，确保了国投持续稳健的发展。多年来，国投各项发展指标始终处于“央企第一方阵”，成为国务院国资委经营业绩考核中连续18年荣获A级的8家央企之一。

2022年9月30日，党组书记、董事长付刚峰在国投2022年改革发展研讨会上谈到国投的发展经验：“国投成立以来，坚持发挥投资功能，在有限多元的业务范围内探索以市场化的方式服务国家重大战略实施，始终根据经济形势变化和国家战略布局调整，完善发展战略，优化业务结构。”他提出：“国投应严格落实中央部署要求，牢牢把握投资公司发展方向，立足自身战略，服务国家战略，发挥投资引导和结构调整作用，积极培育前瞻性、战略性产业，促进科技创新和科研成果转化应用。具有国投特色的国有资本投资公司的定位应该是引领产业发展、推动产业升级、优化布局结构、促进科技创新。”

国投的实践证明，国有资本投资公司通过开展投资融资、产业培育、资本整合，可有效推动产业集聚和转型升级，优化国有资本布局结构，并实现自身的高质量发展。

二、负责任投资的世界一流企业视野

培育一批具有全球竞争力的世界一流企业，是新时代中国经济发展的内在要求，是我国经济从富起来到强起来的重要标志，也是我国大型企业集团的重要战略目标。

何为世界一流企业？在中央全面深化改革委员会第二十四次会议上，习近平总书记强调，要加快建设一批产品卓越、品牌卓著、创新领先、治理现代的世界一流企业，在全面建设社会主义现代化国家、实现第二个百年奋斗目标进程中实现更大发展、发挥更大作用。这一表述对世界一流企业作出了定义，也为加快建设世界一流企业指明了前进方向、提供了根本遵循。

通过对凯雷投资集团、KKR 集团、淡马锡控股公司等全球性投资公司的考察和对标，国投深刻认识到，国有资本有其特殊属性，对于这些世界一流投资公司的发展经验应该充分借鉴，但不能照搬照抄，国投要基于中国式现代化道路，结合国际发展趋势，摸索出符合中国国情、具有国投特色的发展道路。

负责任投资是一种将 ESG 与投资行为相结合的投资理念。2005 年，联合国全球契约组织发布了《在乎者即赢家（*Who Cares Wins*）》报告，首次提及 ESG 概念。2006 年，联合国牵头发起联合国负责任投资原则组织（UN PRI），将 ESG 与投资行为结合起来，强调在投资过程中将环境（E）、社会（S）、公司治理（G）三个维度的指标作为考察企业中长期发展潜力的评价标准，从而推动企业和社会的可持续发展。负责任投资理念作为一种基于企业和社会可持续发展的长期价值投资，其长期稳定和可持续性的鲜明特点让人们认为这是应对气候变暖、环境恶化、资源短缺等挑战的必要行动，也正成为全球领先投资公司的战略必选。据全球可持续投资联盟（GSIA）2020 年度统计，全球 ESG 投资资产总值达 35. 3 万亿美元。

负责任投资与国投的投资理念非常契合。国投认为，投资不是纯粹资本结构的“金融工程”游戏，而是一个价值创造的过程。“应该做什么业务”“怎样管理这些业务”是投资公司最需要考虑的基本问题。要成为世界一流的国有资本投资公司，必须站得高、看得远，要跳开单纯的经济视角，站在人类未来共同命运和中国未来整体发展的视角去思考，用责任投资理念来重塑企业的发展战略、思维模式和话语体系。

国投在多年的投资实践中，主动承担社会责任的担当始终未变，并且越来越清晰地将负责任投资理念融入经营决策之中。2022 年 7 月，国投第 14 次发布企业社会责任报告。在这份报告中，国投首次将“负责任投资”理念和公司业务相融合，从 ESG 三个维度深度挖掘国投的实践故事，强化了国投“负责任投资”的理念与行动，向利益相关方更加清晰地传递“以投资创造更美好的未来”这一责任使命，“创造长期价值回报，拥抱可持续发展”，国投一直是积极的行动者。

资本市场的 ESG 评级提供了一种市场化的评价机制，主要从融资角度推动上市公司的 ESG 理念融合。但 ESG 涉及的关键领域和指标在实体产业投资中的具体落地才是 ESG 投资的真正意义所在。国投认为，不能狭义地将 ESG 投资局限在二级市场的评价体系中，而应该将 ESG 投资作为一种长期价值投资行为，将其视作企业重要的投资理念和行为规范，把环境、社会、公司治理因素充分纳入投资决策，以投资形式在业务层面展开实践，最大限度地创造经济、社会、环境综合价值。

在“E”（环境）维度，国投给予了更多关注、更高权重和更大资金投入，利用资本市场、基金投资、直接投资、并购投资等多种方式，筛选符合 ESG 标准的行业、公司和投资标的，不断推动绿色低碳产业布局，加快推进产业结构优化。早在 2009 年，国投的电力板块便开始向低碳、绿色能源方向转型，率先在国内布局光伏、风电等绿色新能源。“十三五”末，水电、风电、光伏等清洁能源总装机容量达到 1994 万千瓦，占已投产控股装机容量的 62.67%，清洁能源占比水平在国内所有电力企业中名列前茅。

在“S”（社会）维度，国投的投资更多聚焦在服务社会、服务民众上，体现普惠性和包容性的特点，放大资本杠杆，发挥投资导向性作用。通过普惠金融、普惠养老、产业扶贫基金助力脱贫攻坚等重点领域投资，努力让社会各群体都享有同质的发展权利和平等的分享权利。

在“G”（公司治理）维度，国投高度重视股权结构、风险管理、信息披露、合规管理等公司治理要素对企业可持续发展的影响，并在股权董事、职业经理人制度、风险管控体系建设、利益相关方沟通等方面进行了多项改革探索。通过“自上而下”的投资策略将 ESG 因子纳入投资决策体系，并在公司自身运营管理和对被投企业的管理中将 ESG 理念贯穿至企业发展的各个方面和各个阶段。

2021 年 9 月 16 日，在“ESG 负责任投资——国有投资公司面向‘3060’共同行动”大型论坛活动上，国投作为中国投资协会国有投资公司专业委员会的会长单位，与全体会员单位一起签署了《负责任投资——国有投资公司面向“3060”的共同承诺》，主要内容如下。

·树立负责任投资理念，增强责任投资意识，构建符合企业实际的投资理论、方法和实践体系。

·统筹有序、脚踏实地，做好碳达峰、碳中和工作，制定实现

“碳达峰、碳中和”的行动规划及实施路线图。

· 推行低碳生产经营模式，推进传统产业绿色转型、高碳产业减污降碳、高耗能产业节能减排。

……

以这份承诺为标志，国投贯彻落实党中央重大战略决策部署，引领国有投资公司转变投资理念，促进行业协同共进，与国有投资公司共同踏上了绿色低碳转型和高质量发展的新征程。

三、品牌文化加持的责任观

国投品牌标识以三个矩形从左至右排列，像一叠摊开的货币，其线条宽度由细到粗，严格遵循了黄金分割的数学逻辑，象征着资源和财富连绵不断、生生不息，如图 1－1 所示。

图 1－1　国投品牌标识

数字“三”一方面代表了“三生万物”，即“一生二、二生三、三生万物”的含义，另一方面也映射出国投积极进取、活力无限、与时俱进的企业形象。

品牌是企业竞争力和可持续发展能力的重要基础保障。品牌资产是企业经营过程中累积起来的核心资产之一。从国际投资公司巨头的发展经验来看，无形资产在企业市值中占比越来越大，品牌和声誉是无形资产最重要的组成部分。凯雷投资集团、KKR 集团、淡马锡控股公司等在全球范围内展现出强大的资本实力、专业水准和负责任投资的良好风貌，已形成一流品牌与企业发展的互促。

2021 年，国投发布新的品牌标识。在新品牌理念中，国投传递并强化了责任内涵，以“产业投资的引领者、美好生活的创造者、持续回报的投资者”为品牌定位，提出了新的品牌口号——“以投资创造更美好的未来”。新品牌理念在体现继承性、创新性的同时，彰显出国投人共同的价值追求。

以价值观为引领，国投对自身的社会角色和社会责任有着清晰的认知——企业运营必须遵循商业道德标准，强调运营“方式”的重要性，注重在发展过程中兼顾经济、环境和社会三方面责任，着眼全球和未来。国投的品牌主张是：

我们以创新的精神，赋能数字化发展新机遇，驱动智能化低碳新未来；

我们以专业的眼光，洞见全球发展新纪元，引领产业发展新方向；

我们以稳健的风格，提供可信赖的产品与服务，创造长期可持续价值回报；

我们以人本的理念，构建多元绿色健康新生态，创建和谐共生美好新生活。

国投的品牌承诺如下：

对国家，国投贯彻新发展理念，服务国家战略，推进高质量发展；优化资本布局，提升产业竞争力，引领重要行业和关键领域投资；深耕国内、国际两个市场，发挥国有资本投资公司改革试点平台作用。

对客户，国投精进专业能力，洞察、满足客户需求；以独到匠心提供高品质、安全可靠的产品与服务；提供更佳品牌体验，为投资者带来可持续回报。

对伙伴，国投准确把握市场机遇，发挥产业投资引领与资源配置功能；提升企业治理水平与行业竞争力，赋能长期稳定发展；践行战略投资、价值投资、责任投资，打造值得信赖的投资公司品牌。

对公众，国投注重公共利益，增强人民幸福感，促进社会价值创造；坚持负责任投资，推进绿色、健康、可持续发展；与世界、社会共创共享更美好的未来。

四、战略目标背后的责任支撑

企业发展战略是关系企业长远发展的总体构想与部署，涵盖了企业的战略定位、中长期发展目标、业务构成及其战略实施路线图。在实践中，国投越来越清晰地认识到，要以国家产业政策为导向，以提高企业市场化经营能力为目标，在国民经济中发挥骨干和表率作用，通过与国家战略保持一致来践行企业使命，并落实到最终的战略行动中。这种将自身发展融入国家发展大局，在服务国家战略中实现高质量发展的战略思路，成为国投获得长期成功的关键因素之一。

2003 年 9 月 16 日，国投召开总裁办公会议，审议了《公司“一五”发展规划和十年设想》，并在 2004 年进行了适时调整。这是国投历史上第一个五年规划（2003—2007 年）和十年设想（2003—2012 年），提出要搭建实业、金融、资产管理、咨询“四位一体”的业务框架，努力发展成为“国内一流的国有投资控股公司”。国投的第一个五年规划和十年设想是围绕着服务服从国家战略、关心关注经济命脉，着眼于自身业务建设和经营财务指标提出的，虽然尚未明确提出责任投资理念，但为公司后续稳健成长、向更多利益相关方履责奠定了坚实基础。

第二个五年规划（2008—2012 年）初期，面对市场竞争环境愈发激烈、央企同质化程度不断加大、大型企业国际化进程加快等趋势，国投审时度势，贯彻科学发展理念，及时对公司战略进行了完善，逐步确立了一流战略、区域战略、协同战略、节能环保新能源战略、“走出去”战略、人才强企战略。《公司“二五”发展规划与十年设想》首次明确提出“坚持可持续发展原则”，不仅将节能环保新能源战略和“走出去”战略并列，确定为公司今后一段时期的两条发展主线，力求尽快取得突破，还将更多环境责任列入战略原则中，包括节能减排，资源综合利用，贯彻循环经济理念的原则，以电力、煤炭、化肥业务为重点，强化内部管理，加大技改投入，鼓励技术革新，不断提高企业主要技术指标；积极发展煤矸石和煤层气发电，充分利用磷、钾矿资源的尾矿和伴生资源，做国有企业综合利用和践行循环经济的表率。

国投充分发挥国有资本投资公司在解决新时代的社会主要矛盾中的独特作用，践行创新、协调、绿色、开放、共享五大发展理念，主动将“一带一路”倡议、京津冀协同发展、长江经济带、“互联网 +”“中国制造 2025”等国家战略融入公司“十三五”发展规划中，明确提出公司的使命和愿景是“服务国家战略，引领产业发展，提升资本价值，创造社会财富，发展成为具有创新能力和国际竞争力的一流投资公司。”国投的“十三五”规划将公司党建、反腐倡廉、人力资源、财务、法治、扶贫、科技创新、节能减排、企业文化等专项规划纳入其中，全面推进了责任理念的扎根和实践。这些成果也为国投在“十四五”时期继续实践责任投资奠定了坚实基础。

2021 年 11 月，国投发布“十四五”规划，以高质量发展为统领，以改革创新为根本动力，以风险防范为有效保障，深耕国内、国际两个市场，做优基础产业，做专战略性新兴产业，做精金融及服务业，发挥国有资本投资公司平台作用，全面增强国企改革先行能力、产业培育引领能力、结构调整主导能力和投资业绩回报能力，打造“机制活、结构优、效益好、作用强”的“新国投”，建设具有全球竞争力的世界一流资本投资公司。

国投坚持践行一流战略、创新战略、协同战略、绿色战略、国际化战略、人才战略六大战略。其中绿色战略是指坚持绿色发展，支持绿色技术创新，提高资源利用效率，发展清洁能源和环保产业，建立绿色生产方式。人才战略是指把人才作为支撑发展的第一资源，加快推进人才发展体制、制度创新，完善人才评价激励和培养机制，推进人才队伍建设和重点人才工程实施，落实共享发展理念，让员工共享发展成果。

“十四五”期间，国投的责任投资逐渐成为品牌特色。2021年、2022 年，国投瑞银基金管理有限公司、国投创益产业基金管理有限公司先后正式加入联合国责任投资原则组织（UN PRI）。国投将积极打造新能源产业链，助力中国 2030 年碳达峰和 2060 年碳中和目标的实现。坚持为国而投，深化落实责任投资，国投将始终坚持不懈在环境、社会、公司治理方面发力，在推动企业可持续发展的同时，为社会创造更大的价值。

第二章

责任投资驱动的社会责任管理模式

履行企业社会责任是每一个企业公民应尽的职责。这不仅是经济社会发展的必然趋势，也是企业追求长期发展的内在要求，更是全社会的普遍期待。2008 年，国务院国资委发布《关于中央企业履行社会责任的指导意见》，强调中央企业要“树立和深化社会责任意识”。2016 年，国务院国资委发布《关于国有企业更好履行社会责任的指导意见》，推动中央企业在建设中国特色社会主义事业中，认真履行好社会责任，实现企业与社会、环境的全面协调可持续发展。

国投积极响应国务院国资委的号召，在实践中逐步形成了一套具有国投特色的“责任投资驱动型社会责任管理模式”。该模式以使命愿景为引领，坚持“以投资创造更美好的未来”“成为世界一流资本投资公司”；以投资理念为核心，将 ESG 投资理念与“战略投资、价值投资、责任投资”三大投资理念相结合，全面融入投资管理全流程中；以组织体系为支撑，通过三级治理的组织体系来保障履责目标落地；以履责行动为抓手，围绕政治责任、经济责任、环境责任、社会责任和海外责任等社会责任核心议题规划落地路径；以责任承诺为驱动，对国家、对客户、对伙伴、对公众负责，强调与利益相关方沟通和透明运营；五个维度共同构建起“责任投资驱动型社会责任管理模式”。

从图形上看，该模式核心部分如两片重叠的三叶草，国投也把这套“责任投资驱动型社会责任管理模式”形象地称为“责任管理三叶草模式”。国投集团“责任管理三叶草模式”如图 2－1 所示。

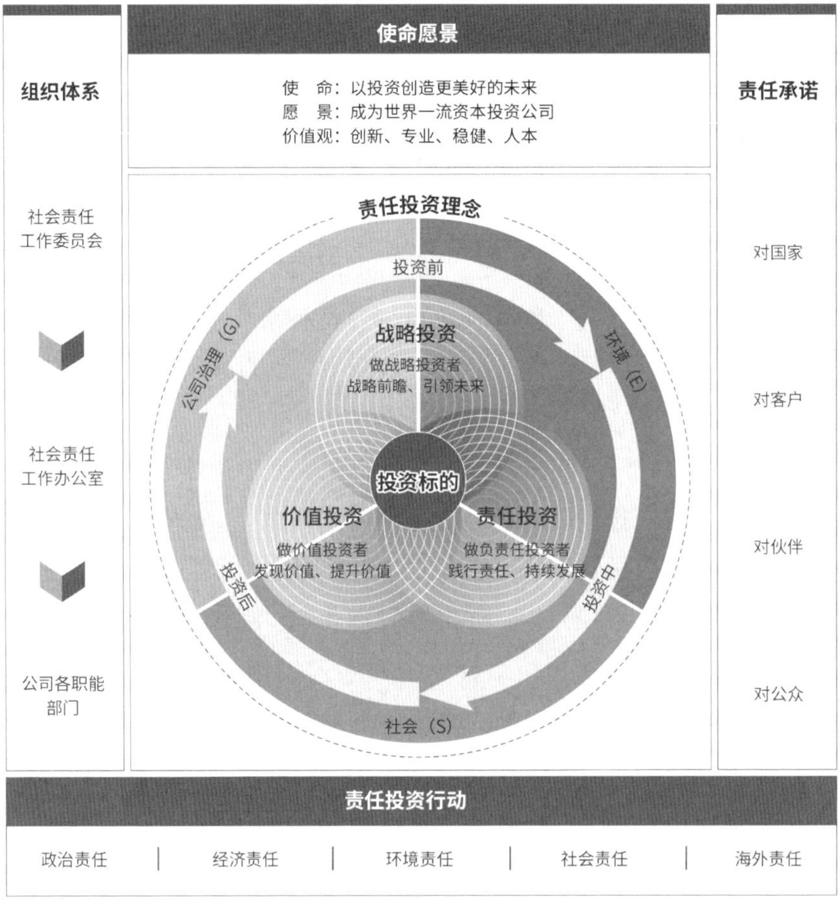

图2－1　国投集团“责任管理三叶草模式”

一、使命愿景：以负责任的使命愿景引领社会责任管理

使命是企业存在的理由，是企业承担并努力践行的责任，回答了企业为什么而存在，即企业要实现什么目标的问题。国投的使命是“以投资创造更美好的未来”，致力于以专业投资实现价值增长，持续推动科技创新和产业发展，增进社会福祉，共创共享更美好的未来。

愿景是企业对未来的设想和展望，为企业提供了一个清晰的发展目

标和未来图景。国投的愿景是“成为世界一流资本投资公司”，在战略性新兴产业若干细分领域具有全球竞争力和影响力，主要业务板块和投资企业达到世界一流水平。

价值观是企业及其员工共同认可和崇尚的价值评判标准，回答了企业为实现使命和愿景如何采取行动的问题。国投的核心价值观是“创新、专业、稳健、人本”。改革创新是国投与生俱来的基因，是国投引领产业发展的第一动力，国投坚持开拓进取，直面一切困难和挑战，为更多合作伙伴创造梦想和未来；精进专业、追求卓越是国投高质量发展的基石，国投坚持不断提升价值创造能力，赋能成长，成就无限可能的未来；稳中求进、进而有为是国投坚持的发展基调，国投科学规划投资的方向与节奏，实现效益与规模均衡发展，恪守合规底线，行稳致远；以人为本、开放包容是国投保持强大生命力和创造力的源泉，国投关注环境、社会、健康、权益保护，为每一位有梦想的人提供价值创造的舞台。

二、投资理念：ESG 投资理念与三大投资理念有机结合

负责任投资原则鼓励各方将环境、社会和公司治理因素纳入投资决策和积极所有权的投资策略和实践，完善公司治理、诚信和问责机制，并通过扫除市场运作、结构和监管方面面临的障碍，建立起可持续的全球金融体系。

国投认为，将 ESG 投资理念与自身投资理念相融合、与自身投资业务相融合，将环境、社会、公司治理维度的关键指标作为考察企业中长期发展潜力的评价标准，并不会成为新的约束或增加运营成本，反而会更好地指导投资工作，更加灵活地应对市场压力和外部环境挑战。

在 ESG 投资理念之上，叠加战略投资、价值投资、责任投资三大投资理念，能从负面筛选和正面筛选双向做出更加科学的投资决策，对

于追求公司与社会的和谐发展、提高公司的财务回报和综合发展质量都具有积极意义，有利于国投更好地发挥国有资本投资公司的引领、示范和带动作用，用高质量发展成果回报利益相关方。

坚持战略投资是国投承担的政治使命，是将自身发展融入国家大局的立身之本。国投坚持服务国家战略，优化国有资本布局，提升产业竞争力，持续推动国有资本向关系国家安全、国民经济命脉和国计民生的重要行业和关键领域集中。特别是把发展战略性新兴产业作为重要的战略选择，加快推进业务布局优化和结构调整，体现了注重战略前瞻，引领未来的负责任投资思路。

坚持价值投资是国投着眼未来，实现价值增长、创造长期回报的使命追求。国投充分发挥国有资本在服务国家战略和促进共同富裕中的积极作用，致力于发现价值、提升价值、推动可持续发展，并获得了稳健收益。“十三五”时期，国投利润总额从 2015 年的 165 亿元增长到 2020 年的 221 亿元；净利润从 131 亿元增长到 177 亿元；资产总额从 2015 年年底的 4955 亿元增长到 2020 年的 6823 亿元；营业收入从 1042 亿元增长到 1531 亿元；反映发展质量的净资产收益率始终保持在 8.6% 以上。2021 年，面对新冠肺炎疫情冲击和复杂严峻的经济形势，国投坚持稳中求进工作总基调，统筹疫情防控和生产经营，实现“十四五”良好开局。2021 年国投利润总额达 461 亿元，同比增长 109%，净利润达 425 亿元，同比增长 140%，经营业绩创历史最高水平。公司在中央企业中的整体实力和排名保持稳定，各项发展指标始终处于“央企第一方阵”。

坚持责任投资是国投注重公共利益、增强人民幸福感、与世界和社会共享美好未来的宏伟愿景。国投大力发展战略性新兴产业，既是顺应国家碳达峰、碳中和及环保要求，也是培育专精特新企业，增强我国产业链、供应链稳定性和竞争力的现实需要。国投在业务选择和投资方向上不断向高端化、数字化、绿色化倾斜；聚焦服务社会、服务民众，投资普惠金融、普惠养老等重点领域，通过产业扶贫基金助力脱贫攻坚；在项目选择与评估过程中，国投注重所投资的企业是否能够按照现代企业制度要求建立规范有效的法人治理结构、是否符合风险和环保要求、是否能够长期可持续发展等，推动被投企业不断完善公司治理。

国投将 ESG 投资理念与“战略投资、价值投资、责任投资”三大投资理念有机结合，形成了新的可持续投资长效机制。

在投前阶段，将“两个三向度”作为筛选投资标的的手段。从“环境、社会、公司治理”ESG 三向度入手进行负面筛选，在投资过程中规避会对社会和环境带来负面影响的行业和企业。再从“战略投资、价值投资、责任投资”投资三向度入手进行正面筛选，聚焦战略匹配度、持续经营能力、盈利能力水平、环境社会价值贡献程度等评价维度，对投资标的进行全面评估，若项目落在“投资三向度”的交汇点上，无论是只满足两个投资理念的“二度相交”，还是同时满足三个投资理念的“三度相交”，都可以成为正向筛选的加分项，那些在“三度相交”基础上，得分最高的项目方能成为最终投资标的，由此保障国投在投资决策过程中，始终能发现价值、创造价值，支持投资有正向社会与环境影响的项目。

在投中阶段，将“两个三向度”作为对风险与机遇的识别和分类。依据涵盖内控管理、法律合规、安全生产、环境保护等 ESG 议题的“ESG 三向度”风险评估体系，对风险类型和风险级别进行识别和评估；依靠“投资三向度”对投资机遇进行识别和评估，把能否服务国家战略和公司战略、能否创造积极的环境价值与社会价值作为评判标准，设计更为合理的投资组合，提升投资影响力。对“两个三向度”识别出的风险和问题进行排查，确保投资标的符合国家战略和公司战略需要，将 ESG 内容纳入投资协议，在相应条款中对投资标的 ESG 管理目标进行明确及约束，提升非财务风险的防控意识和防控能力，为可持续发展提供有力保障。

在投后阶段，将“两个三向度”作为投后管理关键指标的设计依据。国投构建了包含自身绝对、自身改善、市场对标等多维度的滚动评价管理体系，对全级次控参股投资项目的经营质量、履责效益进行动态综合定量评价。一方面，重点关注和改善“二度相交”的投资项目，不断完善其ESG表现，使其最终成为“三度相交”，放大经济、社会和环境综合价值。另一方面，把在经营过程中脱离“两个三向度”交汇点的项目列入观察退出或立即退出范围，做到“业务有进有退、企业优胜劣汰”。

国投投资理念的两个“三向度”如图2-2所示。

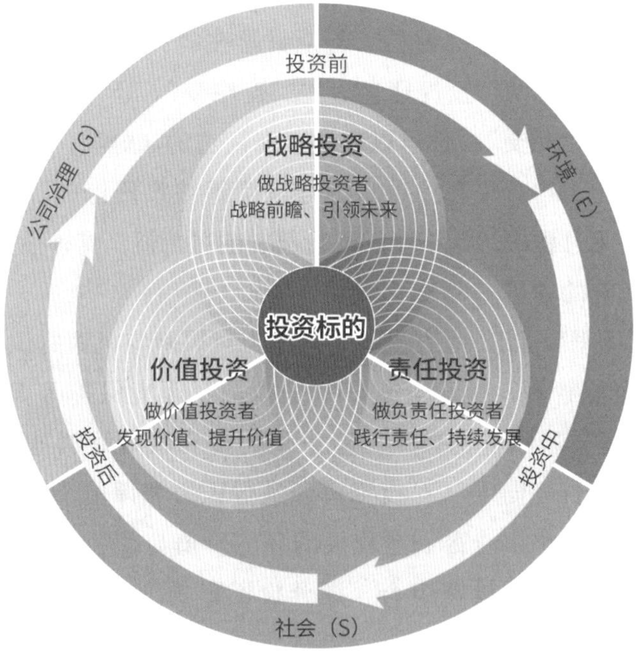

图2-2 国投投资理念的两个“三向度”

三、组织体系：以责任治理组织体系建设支撑履责实践

国投不断完善社会责任管理组织体系建设，在集团公司层面，将责任管理融入投资决策、项目评估、业绩考评，以及财务管理、人力资源管理、风险管理、党建管理等管理体系中；在子公司和控股投资企业层面，将关键议题融入项目投资、研发、采购、生产、销售、服务等过程中。通过企业社会责任与业务开展的全方位、全过程融合，在全集团推动社会责任管理工作向纵深发展。

早在2009年，国投就成立了由公司董事长担任委员会主任，其他公司领导担任委员会委员的社会责任工作委员会，统筹研究和部署公司社会责任工作，建立和完善公司履行社会责任的体制机制。在社会责任工作委员会的领导下，公司总部各职能部门按照部门职责分工，分别负责开展相关社会责任工作，各子公司和控股投资企业在公司统一部署下，具体负责相关社会责任工作的落实。

2020年年底，国投在党群工作部成立社会责任处，牵头负责全集团的社会责任管理工作，总部各职能部门按照部门职责，分别负责推进公司相关社会责任工作，各子公司和控股投资企业在公司的统一部署下，具体负责相关社会责任工作的落实，进一步完善了社会责任组织体系。

2021年年底，国投正式启动了社会责任管理体系建设项目，立足国情和企业实际，持续探索、导入、检验、完善科学的企业社会责任理念，搭建“社会责任工作委员会—社会责任工作办公室—公司各职能部门”的三级组织体系，构建了“集团总部—子公司—控股投资企业”三级有效联动的社会责任管理工作机制，出台社会责任管理指标体系及评估体系，探索社会责任综合性落地项目，旨在打造具有国有资本投资公司特点、体现国投品牌特色的社会责任管理体系。

国投社会责任组织体系及工作机制如图 2－3 所示。

图 2－3　国投社会责任组织体系及工作机制

四、履责行动：围绕社会责任核心议题规划落地路径

国投主动承担社会责任，坚持走可持续发展之路，积极遵循联合国责任投资原则（UN PRI）相关倡议，将 ESG 理念全面融入公司战略、投资及经营管控各个环节，最大限度地创造经济、社会、环境综合价值。

1. 政治责任

国有企业是中国特色社会主义的重要经济基础和政治基础，关系我们党的执政地位和执政能力。作为中央企业，国投党组始终坚持把政治建设摆在首位，以习近平新时代中国特色社会主义思想为指导，把深刻领会“两个确立”真正转化为坚决做到“两个维护”的高度自觉，不断提高政治判断力、政治领悟力、政治执行力，在思想上、政治上、行动上始终同以习近平同志为核心的党中央保持高度一致。

为可持续发展“把方向”。国投党组坚持从讲政治的高度抓好经济工作，肩负起国有资本投资公司的特殊使命和重大责任。在战略布局、结构调整、产业培育、创新发展等各项任务工作推进中，国投党组重点把关是否符合党的理论和路线方针政策，贯彻党中央决策部署并落实国家发展战略，有利于促进企业高质量发展、增强企业竞争实力、实现国有资产保值增值，有利于维护社会公众利益和职工群众合法权益，确保公司改革发展各项事业始终沿着习近平总书记指引的方向不断前进。

为可持续发展“管大局”。国投党组胸怀“国之大者”，立足新阶段、贯彻新理念、构建新格局。国投党组坚持落实“疫情要防住、经济要稳住、发展要安全”重大要求，服务服从国家战略，务实推进科技创新，扎实推进数字化转型，加快推进绿色低碳转型，毫不松懈抓好风险防控，推动质量变革、效率变革、动力变革，努力实现企业更高质量、更有效率、更可持续的发展，融入新时代党和国家事业发展大局。

为可持续发展“促落实”。国投党组坚持目标导向、结果导向，注重顶层设计、统筹推进，引领带动广大党员干部和职工群众踔厉奋发、勇毅前行，凝聚起加快建设世界一流资本投资公司的磅礴力量。在深化改革中，及时地研判内外部环境，捕捉企业发展壮大的市场机遇，不断引领产业发展、推动产业升级、优化布局结构、促进科技创新，切实增强国有经济竞争力、创新力、控制力、影响力、抗风险能力，让中央决策部署在企业不折不扣落地生根、开花结果。

踏上新征程，国投坚定不移推动国有企业深化改革，毫不动摇做强做优做大国有资本，为全面建成社会主义现代化强国、实现第二个百年奋斗目标、全面推进中华民族伟大复兴贡献国投力量。

2. 经济责任

作为国有资本投资公司，国投履行经济责任不仅体现为自身发展，更体现在服务国家经济社会发展。国投自成立以来，不断优化结构、壮大实力、完善手段，充分发挥国有资本投资公司的功能和作用，努力服务好国家战略和经济社会发展。

国投始终坚持服务国家战略，以提升产业竞争力为方向，坚持做优基础产业、做专战略性新兴产业、做精金融及服务业，先行先试、开拓创新，着力探索一条具有中国特色的国有资本投资公司发展之路。经过努力，国投的基础产业结构进一步优化，战略性新兴产业更加专注于细分领域，金融及服务业市场定位更加精准，经营效益稳步提升。“十四五”以来，国投坚持稳中求进的工作总基调，继续保持健康发展。2021 年，公司利润总额同比增长 108%，两年平均增长 51%，净利润同比增长 139%，两年平均增长 62%，经营业绩创历史最高水平，公司发展建设迈出坚实步伐。

作为最早开始国有资本投资公司试点的两家央企之一，同时也是首批转正的五家国有资本投资公司之一，国投在自身改革发展的同时，始终坚持服务经济社会发展。

一是发挥投资导向作用。国投按照国家产业政策和区域发展政策，通过控股、参股等股权投资方式，积极与国有、民营、外商等多种经济成分合作，用一定数量的国有资本引导和带动大量的社会资本进入国家需要和鼓励发展的重点产业及重点区域。

二是促进产业结构调整。国投通过国有资本经营，实现国有资本从非重点领域或非重点企业中退出，回收资金再投入需要国有经济进入的重要领域或重点企业，实现跨行业、跨地区、跨企业的产业结构调整。

三是发挥国有资本投资公司平台作用。国投充分发挥资本经营、资产经营、结构调整等方面的优势，积极参与中央企业重组，推动和促进重组企业的融合发展，与重组企业形成优势互补、合作共赢。

四是推动行业健康发展。国投作为中国投资协会国有投资公司专业委员会的会长单位，一直引领全行业共同探索国有投资公司的发展道路，推动全行业加强行业自律、规范经营行为、保持国有投资公司的健康发展。

3. 环境责任

国投始终以服务国家战略为重要职责使命，在发展方向上胸怀“国之大者”，将绿色发展作为重要战略，坚持把绿色发展融合到企业改革发展全过程，深入分析生态文明建设新要求、生态环境保护新问题、绿色产业发展新趋势，编制“十四五”资源节约与生态环境保护专项子规划，对“十四五”期间绿色发展做出系统谋划和战略部署，持续推动国有资本向绿色低碳领域布局，积极构建以清洁能源、先进制造业、战略性新兴产业为主导的绿色低碳产业体系，充分发挥国有资本的引领和带动作用。

一是积极推进产业结构向绿色低碳转型。近年来，国投加快绿色低碳转型，重点发展水电、风电、光伏等清洁能源，同时国投还聚焦水处理、固废处理业务等相关领域项目的投资与并购，始终将布局环保产业作为环境治理和生态保护的重要措施。截至 2022 年 9 月，国投发电装机规模 3693.1 万千瓦，其中火电 1184.6 万千瓦，水电 2128 万千瓦，风电 231 万千瓦，光伏 139 万千瓦，生物质发电 2.5 万千瓦，清洁能源（水电、风电、光伏）装机占比高达 68%，到“十四五”末，清洁能源装机占比将提高到 72% 以上，新能源（风电和光伏）装机达到 1500 万千瓦。在四川雅砻江，国投一体化规划建设的总规模超 8000 万千瓦，能够实现建成全流域调节、水风光互补的清洁能源示范基地，未来将成为我国新型电力系统的“绿色引擎”。此外，国投还通过先进制造产业投资基金、新兴产业创投引导基金、科技成果转化基金等国家级产业基金，发挥国有资本的投资导向和引领作用，积极培育扶持清洁能源和环保产业发展。

二是坚持践行绿色低碳生产经营模式，加强碳排放管理。国投加快推动传统产业绿色转型、高碳产业减污降碳、高耗能产业节能减排，坚决淘汰低效、无效产能，坚决不做不符合要求的高耗能、高排放项目。

国投每年组织开展全集团碳盘查，算清碳排放总量，摸清碳资产家底，自2013年起每年组织专业第三方对涉及发电的企业开展碳核算，组织相关企业主动参与全国和地方碳交易；并发挥内部协同作用，积极拓展碳咨询、碳交易、碳金融业务，用市场化方式助力碳达峰、碳中和目标的实现。2021年，参与全国和地方碳交易的7家涉电企业碳配额盈余283万吨，实现碳交易167万吨，其中挂牌交易43万吨，大宗协议交易124万吨。此外，山东特检公司2021年为270余家重点用能企业开展能源管理体系认证，为70余家企业提供绿色低碳评估服务；受地方政府委托共完成34家发电企业和99家石化、化工、钢铁、建材、有色企业现场碳核查工作。

三是坚持绿色金融助推绿色发展。2019年，国投首次在国际金融市场成功发行5亿美元绿色债券；2021年，国投发行首单雅砻江水电10亿元碳中和绿色公司债券。2017年和2021年，国投与亚洲开发银行合作发起实施了两期共计5.85亿欧元的“京津冀区域大气污染防治投融资促进项目”，持续加大对储能利用、制冷能效提升等绿色低碳项目的投资开发力度，助推京津冀、长三角地区大气污染治理和温室气体减排，项目入选2019年联合国气候行动峰会“基于自然的解决方案”领域优良实践案例，荣获国际金融论坛（IFF）“2020全球绿色金融创新奖”。

4. 社会责任

社会是企业持续健康发展的沃土，企业因创造财富而成长，因奉献社会而更具价值。国投公司坚持诚实守信，依法合规经营，积极参与社区建设、定点扶贫、对口援疆等社会公益事业，努力成为优秀的企业公民，为社会和谐稳定发展贡献力量。

一是依法合规经营。国投信守“依法经营、依法管理”的理念，通过制定和完善规章制度，建立健全法律风险防范机制，创建企业合规文化，确保公司持续健康发展；在经营活动中，严格遵守法律法规，切实履行承诺约定，树立诚实守信的企业公民形象；在合作过程中，严格履行各类经济合同，注重与政府、债权人、客户等利益相关者建立良好关系，实现和谐共赢。

二是开展公益活动。国投忠实履行中央企业的社会责任，热心支持社会公益事业，积极回馈社会，在抗震救灾、定点扶贫、对口援疆、捐资助学等方面投入了大量精力。2021 年，在中国社科院发布的《中央企业社会责任蓝皮书（2021）》中，国投位列2021 年国有企业100 强社会责任发展指数第6 名。

三是支持社区发展。国投积极开展多种形式的社区共建活动，加强与驻地政府和各类组织机构的沟通、交流与合作，帮助当地政府解决居民生产、生活中的实际问题。公司充分发挥自身优势，在基础设施建设、社会保障工作、生态环境改善、人民就业增收等方面做出了较大贡献，推动了社区与企业和谐发展。

四是积极应对疫情。疫情就是命令，防控就是责任，面对严峻复杂的防控形势，国投根据国资委中央企业疫情防控工作视频会议及各地防疫要求，全集团绷紧弦、铆足劲，集团总部、子公司及控股投资企业从严从实筑牢防线，持续巩固防控成果，坚决打赢疫情防控阻击战，以责任央企的担当守护人民群众的生命健康。

5. 海外责任

国投顺应外部环境和内部发展要求，于 2007 年提出“走出去”发展战略，积极开展国际业务。面对日益复杂严峻的国际经济社会形势，国投坚持融入全球发展大潮，以负责任投资助力可持续发展，树立了中国企业良好的社会形象。截至 2021 年年底，公司国际业务资产总额 435 亿元人民币，国际业务利润总额 12. 3 亿元，境外全级次法人企业 91 家。

一是带动经济发展。国投在国际化运营过程中，以推进自身业务发展助力当地经济社会发展为己任，坚持“投资一方、开发一方、发展一方、造福一方”的理念，通过为当地提供能源、依法缴纳税费、带动当地产业发展、本地化采购、创造就业机会、技术转移等方式，助推当地战略性经济发展，增强当地财政收入，提升社会发展水平，改善社会民生，创造共赢价值。

二是帮助消除贫穷。国投通过提供工作岗位、带动周边商业发展、扶持地方优势产业等方式，带动贫困地区人口就业，使其获得生活技能，提高收入水平，助力消除因无工作、无生产能力导致的贫困；通过为业务所在地区居民提供清洁饮用水、食物等生活所需品，改善其生活条件，与当地政府、居民建立和谐共融的关系；通过援建医院、实施医疗救助等方式为当地提供医疗服务，帮助人们远离疾病，真正做到“病有所医”。

三是支持社会公平。国投坚持本地化用工原则，在业务所在国（地区）聘用本地员工，为其提供就业岗位，增强获得感和尊严，改善生活质量；国投结合当地实际，运用自身资源和优势，建设和维护基础设施、支持教育发展，助力打造舒适社区，努力帮助人们享有便利生活、优质教育。

四是关注环境保护。国投始终遵守业务所在国（地区）的环保法律法规、标准，秉承绿色投资与开发的责任理念，开发清洁能源，研发环保产品，为全球提供现代能源；节约能源资源、减少污染物排放、发展循环经济，积极应对气候变化，降低业务运营对环境的影响；结合业务特征及当地环境状况，保护生态系统。

五是尊重合作伙伴。国投始终遵守各项国际公约和商业道德，遵守并学习业务所在国（地区）的法律法规和风俗习惯，做到合规运营，杜绝商业贿赂和腐败，降低企业境外运营风险；秉承“诚信、共赢”

的合作理念，携手中外利益相关方，致力于创建合作共赢的全球性战略合作伙伴关系。

五、利益相关方沟通：多方参与应对外部环境变化

利益相关方理论是 20 世纪 60 年代以来在社会责任领域的重要理论学说。按照社会责任国际标准 ISO 26000 给出的定义，利益相关方是指在组织的任何决策和活动中有一项或多项利益关系的组织或个人。这种利益可能是现实的，也可能是潜在的；可能是相关各方明确知道它们的存在，也可能是没有意识到其存在；可能是直接的经济利益关系，也可能是非经济的影响；可能是法律法规所明确规定的，也可能是一种约定俗成的规则。

利益相关方关系管理的基础是对利益相关方的识别。“利益”是利益相关方概念的核心所在，而“利益”形成的基础又是组织决策和活动对相关各方所产生的影响，因此确定组织决策和活动的影响将有助于识别利益相关方。

识别利益相关方的最终目的在于了解利益相关方对企业的期望。只有这样，企业才能不断改进自身的运营和管理水平，以满足各利益相关方的期望，构建良好的利益相关方关系。

国投识别出的利益相关方分别是国务院国资委（出资人）、中央和国家部委及地方政府、合作伙伴、客户、债权人、投资企业、员工、社会组织、社区与群众（见表 2－1）。在识别出九大利益相关方的基础上，国投还分别剖析了各利益相关方对国投的期望，为公司找到努力的方向。国投根据九大利益相关方的特点，分别确定了相应的沟通机制与方式。在日常沟通过程中，不断修正公司对于利益相关方期望的理解，促使公司不断进步，最终获得融洽的利益相关方关系。

表 2－1　国投的利益相关方关切及沟通机制

利益相关方	对国投的期望	沟通机制与方式
国务院国资委（出资人）	实现国有资产保值增值 经营管理规范 增强企业竞争力	经营业绩考核监督 工作会议 工作汇报
中央和国家部委及地方政府	促进国民经济社会发展 遵守相关法律法规 履行企业社会责任	签署合作协议 工作会议 日常沟通
合作伙伴	互惠互利 共同发展	签署合作协议 合同执行 高层会晤 日常沟通
客户	提供规范高效的服务 满足客户需求	产品和服务 访谈、座谈 问卷调查
债权人	稳健经营 追求长期价值 重视风险管理	定期沟通 信息公开
投资企业	提供指导和支持 明确责任 推动创新 管理、协调、服务	确定经营指标 经营业绩考核 会议、座谈 调研、研讨 日常管理

续表

利益相关方	对国投的期望	沟通机制与方式
员工	坚持以人为本 依靠员工办企业 重视员工培训 有竞争力的待遇 公司持续健康发展	职代会、座谈、培训 建议及反馈 参与决策 工作沟通 员工关爱
社会组织	支持和参与社会团体组织活动 遵守协会章程	参与活动 提供必要的支持
社区与群众	及时准确提供信息 参与社区活动 共建和谐社会	信息披露 新闻发布会 交流沟通

资料来源：国投 2021 年度企业社会责任报告。

六、透明运营：多渠道提升透明度和影响力

主动信息披露，坚持透明运营，是企业履行社会责任的核心内容。国投积极利用多种渠道和方式，及时准确地向社会披露公司的运营信息，主动接受社会监督。国投正以更加开放、透明的姿态，向世界一流的资本投资公司迈进。

（一）利用多种渠道及时披露信息

国投高度关注利益相关方的诉求，建立全方位、多渠道、常态化的沟通体系，通过积极有效的沟通方式与利益相关方增进联系，致力于实现各方共赢。

一是制定了《国家开发投资公司经营信息公示管理办法》，明确公

司经营信息公示工作职责，落实公司经营信息公示责任。

二是通过企业社会责任报告、专项报告等形式，向利益相关方定期披露相关内容。截至2022年，国投已经连续14年发布中英文双语企业社会责任报告。

三是通过多种形式开展品牌宣传，增进与利益相关方的沟通。国投拍摄了品牌形象片《投入》、国投宣传片、秒懂国投和国投24小时等，同时设计有精美完善的《国投宣传册》《国投企业文化手册》《国投品牌理念手册》。

四是打造融媒体矩阵，全方位及时披露信息。国投打造了“国投在线”“SDIC企业文化”“国投党建”、官方微信、官方微博等社交平台，同时在学习强国、央视频、头条号、抖音、快手等客户端运营账号，这些社交平台和客户端账号与国投官网、国投内网、《国投集团》内部刊物等共同组成了国投融媒体矩阵。

2021年国投全年宣传总量45.4万篇次，主流媒体报道近2万篇次，在央视播出30余条新闻报道，创历年之最。其中雅砻江两河口水电站投产，中央主流媒体高度关注，持续播报，总传播量超过6亿次，国投服务国家重大战略标志性成果受到社会各界普遍关注。

国投在线下也通过多种形式及时披露信息。为贯彻落实党中央重大战略决策部署，响应国家碳达峰、碳中和发展目标，国投主办“ESG负责任投资——国有投资公司面向‘3060’共同行动论坛”，共探国有投资公司绿色低碳转型和高质量发展之路。参加“第十三届《企业社会责任蓝皮书》发布会暨ESG中国论坛2021冬季峰会”，在这次峰会上，国投入选中国首批十家ESG示范企业。在中国社会责任百人论坛举办的第十三期“分享责任公开课”上，以公开课形式介绍国投的ESG投资理念与实践。

央视等多家媒体宣传报道雅砻江两河口水电站投产发电

2021年9月29日晚，央视《新闻联播》播出了雅砻江两河口水电站投产发电的新闻。

国投旗下雅砻江两河口水电站位于四川省甘孜藏族自治州雅江县境内，电站砾石土心墙堆石坝坝高295米，是建成发电的世界第二高土石坝。两河口水电站拥有世界水电工程综合规模最大的高边坡群、国内第一高泄洪水头及国内最大泄洪流速的复杂洞室泄洪设施，是我国海拔最高的百万千瓦级水电站，四川省内库容最大的水库电站，总装机300万千瓦，电站库容108亿立方米，水电站平均海拔3000米，是我国水电开发向高海拔寒冷地区发展的标志性工程。

雅砻江两河口水电站投产发电，对推进长江经济带建设和成渝经济圈协调发展具有重要意义，对实现“双碳”目标做出重要贡献。

据不完全统计，雅砻江两河口水电站投产发电的新闻7次亮相于《新闻直播间》《朝闻天下》《东方时空》央视新闻节目，15次出现在《人民日报》、新华社、中国政府网、国务院国资委网站等多家媒体报道中。媒体纷纷聚焦雅砻江两河口水电站投产事件，从技术创新、绿色能源、“世界之最”等不同角度进行解读，持续跟踪报道相关情况。

雅砻江两河口水电站投产发电事件的强势“霸屏”，得益于国投全方位、多渠道、常态化沟通体系的不断健全，不仅提高了全民对国家战略工程的关注度，还提升了公司的影响力。

（二）编制并发布企业社会责任报告

企业社会责任报告是企业非财务报告的一种，随着社会责任行动的深入而逐渐在全球企业中得以推广。定期编制与发布社会责任报告，是企业重要的信息披露方式之一。2009年9月24日，国投首份企业社会责任报告正式发布，这也是中国国有投资公司的首份企业社会责任报告，标志着国投的企业社会责任工作步入新的发展阶段。截至2022年，国投已连续14年发布企业社会责任报告，以翔实的数据和丰富的案例，披露公司在经济发展、环境保护、安全生产、员工发展和企业公民五个方面履行社会责任的情况，增进了利益相关方对于国投的关注和认知，社会反响良好。2022年，国投还发布了《海外社会责任报告》，为公司在国际市场赢得认可，树立了中国企业良好的社会形象。

（三）参与社团组织，开展社会沟通

参与社团组织，是企业广泛开展社会沟通的重要渠道。国投涉及的行业领域比较广泛，因此非常注重发挥各类社团组织的作用。近年来，国投参加的社团组织范围逐年扩展，除了中国投资协会国有投资公司专业委员会之外，还包括国家发改委、国务院国资委、国家商务部、财政部、交通运输部等国家部委主管的社团组织。目前国投已在40多个社团组织中担任职务，通过积极参与这些组织举办的各类活动，国投与各级政府部门及国投委各会员单位之间搭建起有效的沟通桥梁。

（四）维护媒体关系，加强舆情管理

随着国投的不断发展，国投集团及旗下各级成员企业的社会影响力和公众关注度日益提高，舆情管理的重要性日益凸显。2014年国投成为首批国有资本投资公司改革试点企业后更加受到各界瞩目，需要通过舆情管理，为重大决策提供舆情参考，防控舆情风险，维护公司声誉。

国投以制度化、专业化和系统化为导向推动舆情管理工作。与专业舆情监测机构合作建成以日报、月报、年报、专报、7×24小时实时短报为主的舆情书面报告体系，构建实时更新的网络监测平台，全面监测集团及成员企业的舆情动态。修订《国家开发投资公司媒体危机管理办法》，制定《舆情事件应对流程》《集团对外新闻稿件审核发布工作流程》及“对外新闻稿签发单”等，逐步建立起全集团的舆情管理制度体系。二次创业以来，国投成功应对处理了“国投电力参与光伏电站竞标”“四川二滩实业纠纷事件”“误传国投收购 AC 米兰专项事件”等舆情事件，维护了公司形象。

国投电力光伏竞标舆情应对

2009 年，国内规模最大的太阳能电站——甘肃敦煌 10 兆瓦并网太阳能发电场的发电示范工程特许权项目招标，最终国投电力和英利控股组成的联合体以 0.69 元/度的竞标价中标，创出光伏发电项目竞标价格的最低纪录（当时光伏竞价普遍在 1 元以上）。

一石激起千层浪，媒体上，诸如“0.69 元搅乱中国光伏价格链”“不利于光伏产业的发展”“国投电力恶意竞标”等负评如潮，在市场上形成了国投电力恶意竞争、破坏行业健康发展的负面形象，在业界内外引起轩然大波。

为控制舆论态势、对公众增信释疑、扭转负面形象，公司与专业公关公司快速组成应对小组，分析舆论环境、评估舆论影响力，紧急制订了具体的应对方案，有计划有步骤地展开危机公关、策划报道，成功化解危机。

第一阶段：通过第三方视角，分析国投电力 0.69 元/度报价的可行性，透过竞标事件，全面阐述了国投电力在敦煌光伏电站项目所拥有的综合优势，以及国投电力在光伏产业的战略布局，并分析了国投电力对推动国内光伏产业发展所起到的积极作用及其所遭受的重大误解。此文刊登后，引导媒体更为全面地看待此事件。

第二阶段：对国投电力在招标项目中的立场、对光伏产业发展的推动作用均做了正面阐述，很好地抵消了负面影响，引导舆论向有利于国投的方向发展，树立起国投电力彻底打破光伏发电价格“高不可攀”的形象。

第三阶段：将国投电力总经理王维东的采访对话进行报道，让各个层面的人士都更为全面地获悉了事件真相，也让目标受众能够更客观、深入地认识此次事件，很好地树立了国投在推动光伏产业健康发展方面负责任、顾大局，同时又具有强大的市场竞争力的正面形象。

第四阶段：深入报道国投电力在新能源方面的综合优势、发展动态及光伏产业的战略布局，并分析了国投电力对推动国内光伏产业发展所起到的积极作用，进一步强化了国投电力新能源的发展，舆论导向彻底向有利于国投的方向发展。

第五阶段：《中国证券报》《国投电力开启光伏平价时代》的媒体报道将视线转移，并逐步提升到对国投的宣传。

通过一个多月的不懈努力，58 家媒体报道或转载了公司的舆论反击，成功消除了国投在业界的负面舆论影响，使舆论环境彻底有利于公司，树立了国投在推动光伏产业健康发展方面负责任、顾大局的形象，确立了国家开发投资公司和国投电力作为国家和企业利益平衡者的地位。

第三章

投资决策：社会责任是关键一票

建立科学可控的投资决策机制对于国有资本投资公司来说至关重要。国投不仅投资决策事项多，而且单个项目投资额度大。投资决策是否正确，不仅关系到投资效益的高低，更关系到公司的生死存亡。投资决策是国投内部管理的核心，也是公司发展的关键环节，更是提高可持续竞争力的重要路径。面对不断涌现的投资机会，国投不仅关注项目的财务表现，也同时关注项目在中长期发展中对环境的影响及治理、劳工问题及社会责任、公司治理行为等方面，将项目的可持续发展能力及财务运营外的潜在风险纳入投资决策中进行综合考量。

一、明确投资指导原则，选择正向影响的投资方向

责任投资是将环境、社会和公司治理（ESG）因素纳入投资决策和积极所有权的一种投资策略和实践。其关键是将 ESG 因素纳入投资各个环节，实施合理的 ESG 投资策略，筛选出治理规范、促进社会和谐、注重环境友好的标的公司，这类标的公司具备更好的可持续发展能力和较低的投资风险，投资这类公司并积极发挥股东作用，能够获取长期可持续的投资回报，同时促进社会的长期可持续发展。当前公开市场的 ESG 投资策略已相对成熟，有整合法、筛选法和主题法等手段（见表 3－1）。在选择投资组合过程中，机构可结合自身战略及各领域的增长潜力，优选 ESG 相关赛道，比如清洁能源、可持续产品、循环经济等。

表3-1　构建投资组合时考虑ESG问题的方法

整合法	筛选法	主题法
明确、系统地将ESG问题纳入投资分析和决策，从而加强风险管理、提高收益	根据投资者的偏好、价值观或道德准则，运用筛选标准选择或剔除候选投资清单上的公司	试图将具有吸引力的风险—收益特征与促进实现特定环境或社会效益的意图相结合。主题投资包含影响力投资

资料来源：UNPRI。

国投成立27年来，无论是一次创业时期、二次创业时期，还是战略转型期，始终都把服务国家战略作为最重要的使命。在发展的各个阶段，每次党中央、国务院做出重大部署和决策，国投都会根据外部环境变化和发展需要，认真分析当前和未来一段时间的新形势，从国家和社会的新需求之中发现机遇，坚持支持为国家、为社会创造正向影响的项目。国投在构建投资组合时考虑ESG因素，如表3-2所示。

表3-2　国投在构建投资组合时考虑ESG因素

筛选法	主题投资	影响力投资
基于国家战略及国投"战略投资、价值投资、责任投资"的投资理念，筛选投资标的	分析实体经济中结构性、周期性及制度性变动趋势，挖掘出对经济变迁具有大范围影响的潜在因素，对受益的行业和公司进行投资	注重投资所能带来的积极的社会和环境影响，具有回馈社会的性质，而不是仅仅为了规避ESG风险或寻找ESG投资机会

国投把服务国家战略，优化国有资本布局，提升产业竞争力，聚焦主责主业作为投资决策的重要依据，以战略为导向，坚持战略投资、价值投资、责任投资理念，深耕国内、国际两个市场，做优基础产业，做

专战略性新兴产业，做精金融及服务业，始终确保投资项目能对国民经济、对社会发展产生正向影响。国投明确了三个投资重点：一是投资于国家要求国有经济发挥主导作用的行业；二是投资于基础性和高新技术项目，解决经济发展中的瓶颈问题；三是投资于资源性项目，保障经济社会发展的需要。

自2003年制定《国家开发投资集团有限公司投资指导原则》以来，该指导原则经过数次修订不断完善，明确了各子公司的发展定位、投资范围、重点投资方向和项目投资评估标准，确保项目开发符合公司发展战略和评价决策要求。

国投“有所为有所不为”的投资选择

国投在投资项目选择方面一直都是比较谨慎的，必须对国家政策、市场信息进行充分研判。虽然有些项目很挣钱，但只要不符合国家战略，不符合国投的战略方向，都不能进入，如果是已经进入的项目，要以壮士断腕般的决心坚决退出。

在国投“二次创业”的过程中，房地产一直是一个聚集热钱的行业，能够带来大量的利润回报。2005年，天津市政府希望国投能够投资130多亿元建设一个市中心的地产项目。这个地产项目很具优越性，是一个已经拆迁完毕的一级开发项目，对国投来说稳赚不赔。在总裁办公会决策一致同意投资这个地产项目之后，时任领导班子仍在反复思考国投的决策是否正确。国家赋予国投的职责是必须能够成为“调结构、调节奏”的核心，房地产不是国家战略方向，也不是国投的主业。在咨询了国务院国资委和国投投资委员会的专家之后，时任领导班子认为此时地产项目确实与国投的战略相悖，因此否决了这个天津黄金地段的房地产项目。在此后的业务变革和转型中，国投也不再考虑房地产这个选项。

（一）负责任的基础产业投资

为突破能源交通瓶颈，国投在曹妃甸建设了中国最大的煤炭码头；为解决中国极端缺钾的问题，国投在死亡之海罗布泊建成了全球最大的硫酸钾生产基地；为克服北方淡水稀缺等问题，国投在天津北疆建设的发电厂采用“发电—供热—海水淡化—浓海水制盐—土地节约整理—废物资源化再利用”循环经济综合能源新模式和世界先进的超临界发电技术，实现了海水淡化和废弃物全部资源化再利用；国投还加快推进雅砻江流域梯级水电开发，这一系列关系国计民生发展的大项目使国投在“煤电油”领域取得了良好的经济效益和社会效益。

在此基础上，国投还进一步“画重点”，坚持把基础性、资源性大项目作为实业投资的主要方向，优先投资稀缺矿产开发、清洁能源并网发电、新能源开采、生物质利用等，同时大力推进资源节约型和环境友好型循环经济，并注重发挥业务间的协同效应。经过一番调整，国投基础产业业务框架日渐清晰。国投基础产业重点投资项目创造的社会价值如表3－3所示。

表3－3　国投基础产业重点投资项目创造的社会价值

板块	项目	项目创造的社会价值
国投电力	雅砻江水电项目	2021年，两河口、杨房沟水电站顺利投产，雅砻江水风光互补清洁能源示范基地建设已列入国家“十四五”规划，新增清洁能源并购或投产装机442.3万千瓦，清洁电源装机占比提升至67.2%，储备了相当大规模的新能源开发资源和抽水蓄能项目

续表

板块	项目	项目创造的社会价值
国投电力	北疆循环经济试点项目	该项目为天津市经济社会发展提供电力、热力、淡水、土地、盐化产品、建材等能源支持，实现了能量的梯级利用和全面的零排放，实现了企业、社会与环境的和谐发展，是一个资源利用最大化、废弃物排放最小化、经济效益最优化的循环经济示范项目和资源节约型、环境友好型项目。截至 2021 年年底，国投北疆电厂累计发电量达到 1572 亿千瓦时，向社会供水 11270 万吨。同时，利用机组高参数、高效率、超净排放的特点，主动承担社会责任，实现向中新天津生态城、宁河区、汉沽城区居民集中供热，提升了社会能源利用效率，降低了二氧化碳排放水平，供热面积已达 2000 万平方米
国投交通	曹妃甸港项目	该项目拥有世界最大的翻车机房、世界最大的遮帘式钢板桩码头，拥有 5 万～15 万吨级煤炭泊位 10 个，年下水能力 1 亿吨，是世界最大的一体化运行公共煤炭码头。国投曹妃甸港已迅速成长为周边区域煤炭品种最齐全的港口，并得到上、下游企业的认可和支持，安排就业人数最多达 600 人左右，间接解决或带动其他社会人员近千人就业，同时建设有封闭条形仓、防风抑尘网、环保智能监测平台等多项环保措施，为国家能源经济建设、地方经济发展做出了应有的贡献

续表

板块	项目	项目创造的社会价值
国投交通	京唐港项目	该项目承担着国家“西煤东运”“北煤南运”的安全、高效中转运输任务，为缓解煤炭等大宗散货的装卸和堆存压力，拥有 4 个靠泊能力为 10 万吨的专业化煤炭泊位，年设计吞吐能力 4400 万吨
	洋浦港项目	国投洋浦港依托港口主业，充分发挥港口资源优势，形成了码头货物装卸、仓储、船舶代理、集装箱运输、普通货运、物业管理、拖轮业务等产业链。在自身发展的同时，国投洋浦港加大城市基础设施的建设，在洋浦兴建了第一家酒店、第一家电影院、第一家超市、第一家成规模的农贸市场，以及真正意义上的居民小区，为洋浦人民提供了更加舒适的居住环境
国投矿业	新疆罗钾项目	该项目以开发罗布泊天然卤水资源制取硫酸钾为主业，建有年产 150 万吨硫酸钾生产装置，是世界最大的单体硫酸钾生产企业，显著降低了国内硫酸钾的对外依存度，对保障中国粮食安全有重要意义。国投罗钾团队掌握了拥有完全自主知识产权的“罗布泊硫酸镁亚型卤水制取硫酸钾”工艺技术，研制了具有完全自主知识产权的钾盐镁矾矿两栖式采盐船及其配套系统，比进口采盐船费用节省一半，填补了我国两栖式采盐机采输钾盐的空白

续表

板块	项目	项目创造的社会价值
国际项目	约旦阿拉伯钾肥项目	收购约钾是国投对国家粮食安全战略的积极响应，是缓解我国钾资源紧缺，保障我国钾肥行业可持续发展的重要举措，是中约经济领域合作和践行“一带一路”倡议的成功典范。年产能氯化钾 250 万吨，硝酸钾 17.5 万吨，是世界第八大钾盐生产商，也是约旦唯一从事钾盐开发、生产和销售的企业
	英国比特瑞斯海上风电项目	当地时间 2019 年 7 月 29 日，比特瑞斯项目正式投产运营，向约 45 万个英国家庭提供电能，总装机 588 兆瓦，投产时是苏格兰最大的海上风电，也是当时全球第四大的海洋风电
	曼谷垃圾发电项目	2016 年 3 月实现并网发电，垃圾焚烧处理规模为 500 吨/日，配备一台 9.8 兆瓦发电机组，这是中国企业在泰国投资、建设、运营的首个垃圾发电项目，也是曼谷市首座垃圾焚烧发电项目

资料来源：国投资料整理。

（二）负责任的战略性新兴产业投资

作为国有资本投资公司，国投承担着在关系国家安全和国民经济命脉的重要行业和关键领域中，助力核心技术转化孵化，服务实体经济的重要责任。公司将核心战略聚焦于“为新兴产业做导向”和“为美好生活补短板”两个大方向上，引导更多社会资本向国计民生产业集中。国投认为，国有企业应该关注两个方面，一个是“命脉”，即重大设施和网络，另一个是“民生”，即老百姓关心的环境、健康、养老。为加快布局“命脉”和“民生”，国投通过直接投资与基金投资“双轮驱动”，重点布局新材料、医药健康、先进制造、新基建、智能科技、检验检测、养老等领域，战略性新兴产业资产占比从2013年的5%提高到2020年的11%。

相较于传统产业，战略性新兴产业投资的突出特点是在高风险、多变性条件下的高投入。国投在战略性新兴产业中的投资，以重大技术突破和重大发展需求为基础，围绕知识技术密集、物质资源消耗少、成长潜力大、综合效益好的重点项目展开，符合新一轮科技革命和产业变革的方向，在国民经济发展中发挥着助力国家转变发展方式、优化经济结构、转换增长动力的作用。

国投系基金积极布局战略性新兴产业

截至2022年5月，国投共实际控制或较高比例参股基金管理公司17家，管理基金67只，基金管理规模合计2113亿元，其中国家级政府产业基金规模占比约80%，包括国务院批复的先进制造产业投资基金、国家新兴产业创业投资引导基金、中央企业乡村产业投资基金，与科技部共同发起设立的国家科技重大专项成果转化基金、京津冀科技成果转化基金、国投大湾区科技成果转化基金等。

国投系基金充分发挥市场机制在配置创新资源方面的作用，充分发挥国家财政资金的引导作用，带动地方政府、银行、保险、民营企业等各类社会资本向新兴产业、创新型企业集聚。其中，国投创合管理的国家新兴产业创业投资引导基金，对财政基金放大作用达25倍，国投招商管理的先进制造产业投资基金对财政放大效用达30倍，国投创业管理的科技成果转化基金对财政放大作用达15倍，有效传递了国家支持战略性新兴产业发展的明确信号，发挥了国有资本投资公司独特的投资导向作用。

国投系基金坚持产业链投资，积极投资具有原创技术策源地潜力的创新型企业，不断强链补链，系统性地支持中国企业在全产业链上掌握主动权，努力营造产业生态环境，伴随行业和投资企业共同成长。

新能源汽车产业投资方面，国投创新大额投资宁德时代、比亚迪，助力宁德时代跃居新能源动力电池产能全球第一，支持比亚迪巩固全球最大电动汽车场上的竞争地位，主导完成对蔚来中国的增资重组；投资正负极材料、湿法隔膜、自动驾驶、智能车联网等产业链龙头企业，推动产业摆脱关键环节受制于人的困境。

集成电路产业投资方面，国投创业投资了中微公司、华海清科、拓荆科技、立昂微、粤芯半导体、鑫华半导体等近 70 家企业，形成从半导体材料、设计软件、芯片设计，到制造装备、芯片生产、封装测试、设备零部件等全产业链布局。

疫情防控产业投资方面，国投系基金投资 20 余家医药医疗企业，为病毒检测、疫苗研发做出积极贡献。国投创新投资企业康希诺与“人民英雄”陈薇院士合作开发的新冠疫苗获批上市；国投创业投资企业艾博生物研发了国内首个进入临床的 mRNA 新冠疫苗；联影医疗被授予“全国抗击新冠肺炎疫情先进集体”。

创新药产业方面，国投创业投资企业荣昌生物的两款创新药泰它西普和维迪西妥单抗均已获批上市，分别为全球首个治疗系统性红斑狼疮的“双靶”一类生物新药和我国首款自主研发的 ADC 创新药。

生育育种方面，国投创益完成了对隆平生物、瑞丰生物、大北农生物等 5 家生物育种核心企业的投资。这些投资企业已获取我国农业农村部发放给企业的粮食安全领域全部 8 张安全证书。

据统计，截至 2022 年 5 月，国投系基金投向高端装备与智能制造的投资金额为 256 亿元，占比 24%；医药医疗方向的投资金额为 228 亿元，占比 22%；新能源汽车及零部件方向的投资金额为 216 亿元，占比 21%；信息技术方向的投资金额为 198 亿元，占比 19%；清洁能源方向的投资金额为 153 亿元，占比 14%。国投系基金投资项目拥有 98 项关键独创技术、75 项国家战略科技技术、20 项世界领先技术、93 项实现进口替代的专精特新技术，85 项解决"卡脖子"技术难题，覆盖了国家九大战略性新兴产业。一大批打破国外垄断、实现进口替代、保障产业链自主可控的优质企业在国投系基金的帮助下成长起来，基金投资"国家队"的战略作用凸显。

（三）负责任的金融服务业投资

企业的发展就像是跳高比赛，以前跳两米三，现在想要跳两米五，怎么办？答案是：撑杆跳。这个"杆"就是国投的金融板块，借助金融"工具"将资产更高效地配置，在市场中获得收益的同时服务集团发展和国家战略，是国投金融板块创立的主要初衷。

这一逻辑并不难理解。国投设立金融板块伊始，是一家涉足电力、港口、能源等多项基础产业的产业投资集团；自 2012 年至今，国投在产业结构调整过程中，转身布局高端装备制造、环境、大健康战略新兴产业，想要让这一动作连贯、双手灵活，金融板块特有的高效投融资能力、全面的产业研究能力，以及资本运作能力便起到了关键作用。国投发展金融服务业，是为了通过发展金融业务反哺实业，实现金融对实业的支持与服务，通过产融结合产生更大的协同效应。

国投资本是国投金融业务投资与管理平台。经过多年发展，国投资本已成为以券商为核心、以信托为增长点、布局泛资管的上市金控平台。国投通过合理配置资金、客户、品牌等资源，推动实业与金融有效对接，及时共享信息资源，丰富拓展合作渠道，逐渐降低业务成本，推动市场化机制落地；通过打造金融牌照之间及金融与实业之间环环相扣、协同发展的生态圈，不断提高集团运作效率和风控水平，提升了集团的整体核心竞争力和抗周期能力，更好地发挥出金融服务实体经济的作用，带动了更多国有资本、社会资本共同服务国家战略，实现了国民共进。国投金融板块的业务协同如表 3 – 4 所示。

表 3 – 4　国投金融板块的业务协同

管理关系	金融机构	业务协同
上市公司控参股及托管	安信证券	财务顾问、行业研究、区域网点布局
	国投泰康信托	资金渠道、实业投行
	国投瑞银基金	财富管理、资产配置
	国投安信期货	套期保值、风险对冲、期现服务
	锦泰财险	风险保障
	渤海银行	信贷支持、产品对接
	中投保	担保增信、互联网金融
国投控股	国投财务公司	信贷业务、产业链金融、保险经纪
	国投融资租赁公司	补充融资渠道

资料来源：国投资料整理。

同时，金融服务业的发展也创造了一定优势。一是降低交易成本，提高国投整体效益。发展金融服务业可以有效地将一大部分体外循环资金变成体内循环资金，节省对外交易成本，增加利润，同时也可降低机会损失风险，提高资金安全性，确保整个集团的平衡发展。二是满足利益相关者的金融服务需要。国投在实业发展进程中形成了相对完整的产业链和规模庞大的利益相关者，各产业环节的生产经营活动及利益相关者有着巨大的金融服务需求。与外部金融机构相比，国投金融部门更了解产业过程、利益相关者的财务状况和金融需求，能够提供更具个性与特色的金融服务。管理环境、社会和公司治理问题促进股东价值创造的驱动因素如图 3－1 所示。

图 3－1　管理环境、社会和公司治理问题促进股东价值创造的驱动因素

资料来源：根据联合国全球契约组织 2005 年发布的报告 *Who Cares Wins* 整理。

二、发现环境社会价值，捕捉责任投资新机会

国际一流的投资公司普遍认为，不需要在追求收益与环境优势、社会优势之间做出选择，一个有着良好非财务因素表现的项目，至少可以带来市场平均回报，同时可以实现积极的环境和社会效益，并且能够以切实、可衡量的方式，应对气候变化及日益加剧的社会不平等、不可持续的生产和消费等长期挑战。

在国投，项目经理团队主要通过以下渠道发现并获得投资机会：一是主动研究国家产业政策，研究市场动态、行业特点，研究投资企业，捕捉投资机会；二是在项目管理工作中动态分析投资企业和市场，寻找业务拓展及已有项目追加投资的机会；三是积极与国家部委和地方政府

建立信息沟通机制，与地方政府建立相互支持的战略合作关系；四是寻求与有过合作关系的股东进行新一轮合作；五是通过政府部门及其他投资机构获得投资机会；六是各地的投资者主动与公司联系，提供一些投资机会。

发现投资机会后，要进行大量的信息搜集与分析工作。项目经理要与潜在投资企业及其合作者进行大量接触，进一步分析企业背景、市场、产品、发展潜力等基本情况，形成对投资可行性的基本判断，编制投资建议书，并以此作为项目投资立项的决策依据。国投在投资立项时，会认真考察项目的投资价值，确保所投项目在服务国家战略和公司战略的同时，也能产生积极的环境价值与社会价值，从而保障所投项目的影响力。

在选择和评估项目的过程中，国投也敏锐地发现了投资的新方向与新机遇。

（一）环境因素新机遇

2000年以来，全球环保产业进入快速发展阶段，逐渐成为支撑产业经济效益增长的重要力量。随着中国环境问题日益突出，国家对环保的重视程度也越来越高，国内环保产业规模不断扩大，环保技术不断升级，环保投资也不断加大，环保产业对经济发展起着越来越重要的作用。在国家“双碳”目标战略下，国投认识到发展环保产业能为公司带来的新的发展机遇，倡导绿色环保理念、践行责任投资，能在助力公司实现长期财务回报的同时增加环境社会价值。

国投招商领投未势能源，助力实现“3060”双碳目标

2021年12月20日，国投招商宣布领投氢燃料电池领先企业——未势能源科技有限公司（以下简称未势能源）独立发展后的首轮融资。募集资金将主要用于量产产能扩建、下一代产品开发及持续的前瞻技术研究投入，以加速推动氢燃料电池商业化落地。

未势能源作为长城控股集团氢能战略的主体，始终坚持燃料电池系统及核心部件的自主研发，已形成“四国五地”全球超过500人的研发团队，构建了“制—储—运—加—应用”一体化产业链生态体系，实现氢燃料电池领域自主研发和技术迭代。2021年10月，未势能源实现了全球首个100辆49吨氢能重卡应用项目的成功交付，卓越的产品技术和创新能力备受业内瞩目。截至目前，未势能源已申请专利471项，累计研发投入超20亿元，未来三年还将继续加大研发投入强度，生产及销售规模将达到万套级水平。

国投招商表示，在全球能源体系向清洁、低碳转型的大趋势下，氢能作为能源载体将发挥着不可或缺的关键作用，是拥有广阔发展前景的朝阳产业。未势能源是有远大的使命愿景和清晰的发展规划的年轻企业，具备扎实严谨的研发体系和技术基因，拥有一支富有朝气和开拓精神的管理团队，发展潜力十足。国投招商期待与长期战略合作伙伴长城控股集团、未势能源管理团队携手共进，助力公司在关键技术攻关、产品商业化落地、应用领域开拓、产业链生态培育上不断突破，以成为全球氢能产业的引领者为目标，为实现“3060”双碳目标贡献力量。

（二）社会因素新机遇

所谓社会因素，即在投资时是否对利益相关方，尤其是外部利益相关方承担起责任。近期德意志银行的一份报告显示，当获得投资者关注时，社会因素可能成为下一个“大事件”，该观点认为投资关注社会因素的企业可以获得更高的长期回报。

国投严格遵循公司确定的战略定位和投资方向，有效发挥国有企业对社会的责任担当，在决策项目时充分考量社会因素的相关议题，发现投资发展新方向。

1. 隐私与数据安全

根据信通院发布的《中国网络安全产业白皮书》，2021 年网络安全产业规模约为 2000 亿元，增速接近 16%，动态边界、智能分析、主动防御、云化服务是目前被看好的网络安全技术发展方向。从企业竞争力来看，目前网络安全企业数量庞大但实力偏弱，研发投入、技术水平与国际领先企业存在较大差距，亟须提升规模效应和行业集中度。国投智能在网络安全产业开展投资布局，正当其时，大有可为。

收购美亚柏科，实现公共数据安全

国投智能肩负着在数字经济领域实现国投产业布局转型升级的重任，一直在寻觅适合的标的公司。2018 年 12 月 17 日，美亚柏科进入国投智能团队的视野。美亚柏科成立于 1999 年，总部位于厦门，主要服务于国内各级司法机关及行政执法部门，是公安司法电子数据取证设备研发销售和公共安全大数据平台建设的大数据企业，在国内电子数据取证细分市场占有率超过 50%，2011 年 3 月 16 日在深交所创业板挂牌上市。

国投智能召集专家论证会，对收购美亚柏科项目进行了技术论证。专家对美亚柏科所在行业的发展前景表示认可，同时对美亚柏科的市场领先优势和过硬的技术能力给出了评估，认同其在电子取证行业的龙头地位。国投智能投资美亚柏科，可以引导社会资本关注支持公共安全大数据产业发展，进而提升国家公共安全数字化管理水平，符合国投的战略使命。

经双方协商，2019 年 3 月 29 日，国投董事会批准了项目的投资方案，国投智能与有关股东签署了《股份转让协议》。本次交易引起业界广泛关注和热情，美亚柏科 4 月 2 日复盘第一天即涨停。2019 年 6 月 3 日，本次交易通过国家市场监督管理总局反垄断局审批。7 月 3 日，通过国务院国资委审批。7 月 11 日，通过深圳证券交易所合规性审查。7 月 17 日，完成股份交割，国投智能取得了上市公司 15.60% 的股权和 22.32% 的股份表决权，成为美亚柏科的控股股东，在 9 名董事（6 位非独立董事，独立董事 3 名）席位中，获得 5 名非独立董事提名权。

2. 医疗可得性

我国生物医药行业发展势头强劲，截至 2020 年年底，我国药品生产企业近 8000 家，医疗器械生产企业超 2.6 万家。在新药申报方面，仅 2020 年批准新药临床品种就接近 900 个，其中创新药生产品种同比增长 66.67%。未来五年，生物医药与数字技术深度融合成为必然趋势，生物技术精准化、医疗人工智能化和诊疗数据化将成为发展热点；创新原研药和创新医疗器械是最受重视的发展方向，生命健康、脑科学、关键医疗设备零部件和基础材料等核心领域被纳入“十四五”国家重点科技项目；慢性病防治药物的需求将不断增长，恶性肿瘤、糖尿病等慢性病领域药物的研发和生产均受到政策青睐。国投充分发挥基金的投资带动作用，在生物医药产业领域发挥投资导向作用。

国投创合投资企业纳微科技打破生物制药关键材料进口垄断格局

近年来，我国高端生物制药产业快速发展，生物药研发投入力度不断加大，新产品上市速度加快，市场竞争加剧，生物制药厂家面临巨大成本与安全供应压力，对性能优异、供应稳定、价格合理的国产分离纯化材料产生了迫切需求。同时，我国传统小分子原料药厂商也面临产品质量提升与环保减排的压力。可通过高性能色谱填料微球的使用改进分离纯化工艺，保障生产安全，促进传统小分子原料药产业升级转型，提高国内制药产业的综合竞争力。国投创合直投企业苏州纳微科技股份有限公司（以下简称纳微科技）紧抓时代机遇，打破关键材料进口垄断格局。

纳微科技是一家专门从事高性能纳米微球材料研发、规模化生产、销售及应用服务的国家“专精特新”小巨人企业。公司突破了微球精准制备的技术难题，实现对微球材料粒径、孔径及表面性能的精准调控，将产品应用于生物医药、平板显示、分析检测及体外诊断等领域，打破了国外领先企业长期以来的技术、产品垄断，加快了高性能色谱填料和间隔物微球的国产化速度，并推动世界该领域的技术进步，将国产自主研发产品打入欧美等发达国家市场。2021 年 6 月 23 日，纳微科技登陆科创板，发行价 8.07 元/股，收盘价 110.88 元/股，盘中一度上涨 1398%，创下科创板新股首日涨幅纪录。国投创合投资纳微科技以来，通过对接政府与产业资源，助力企业加速发展。

纳微科技在助力关键材料进口替代、降低生产成本的同时，实现了自身的跨越式发展。目前，纳微科技已与江苏恒瑞医药股份有限公司、丽珠医药集团股份有限公司、上海复星医药（集团）股份有限公司、成都倍特药业股份有限公司、浙江医药股份有限公司、浙江海正药业股份有限公司、宜昌东阳光长江药业股份有限公司等多家大型知名药企形成合作关系。

在打破生物制药关键材料进口垄断格局，提升我国医药产业生产工艺、资源使用效率及产业附加值的同时，纳微科技正将产品推广到美国、韩国等发达市场，努力打造全球领先的微球品牌。

3. 社会融资可及性

2020年，新冠肺炎疫情冲击加重了小微企业经营困难局面，在这种大环境下，国投坚决贯彻中央关于“金融服务实体经济”的要求，在金融服务业领域聚焦解决小微、“三农”等融资难、融资贵难题，让更多金融活水流向小微群体，为其纾困解忧。

中投保致力于发展普惠金融

1994年3月26日，人民大会堂小礼堂人声鼎沸、热闹非凡。经国务院批准，由财政部、原国家经贸委发起设立的中国投融资担保股份有限公司（以下简称中投保）在这里迎来了自己的开业典礼。一位国务院副总理、两位全国人大常务委员会副委员长、47位副部长以上领导列坐在开业典礼的主席台上，见证了中国第一家担保公司的成立，中国担保行业也由此起航！

中投保从创立那天起就担负着国家和社会重托，担负着创造担保行业的历史使命。那时候，多数员工不知信用担保为何物，没有制度，没有专业知识，一切从空白开始。创业者们积极汲取国外经验，先后考察了日、韩、美、德、英、法、意等十几个国家的几十个担保、保险机构，引入并编译了我国信用担保业最早的文献资料。他们认真研究中国国情，边干边总结边提高，很快制定出相关制度，运作逐渐规范，担保品种不断推出，市场网络逐步建立，国际合作卓有成效。这一切本是中投保巨大的无形资产，是公司的经营机密，但中投保把这些毫无保留地推向社会，无偿传授给同业者，极大地推动了中国担保行业的建立和发展。中投保创办26年来，不断推动中国的信用担保业从初期不被社会理解、认可和重视的尴尬境遇中走出来，逐渐成为一个新兴的、初具规模的行业。

作为中国担保业的旗舰企业，中投保紧密结合国家战略和政策导向，积极推进业务、产品和领域创新，建立了信用增进、资产管理和金融科技三足鼎立的业务架构，形成了涉及金融产品、建设工程、贸易流通、政府采购、国际资金受托管理等多领域丰富的业务品种和条线，为提升企业信用、改善社会信用环境、完善金融服务体系做出了积极贡献。

2006 年，中投保整体并入国家开发投资公司。2010 年，中投保启动混合所有制改革，引进建银国际、中信资本、鼎晖投资、新加坡政府投资、金石投资、国投创新 6 家新股东，由国有独资企业变更为中外合资企业，发展空间得到进一步拓展。2015 年，中投保整体变更为股份有限公司，并成功挂牌新三板。

截至 2021 年年底，中投保注册资本 45 亿元，资产总额达 262.56 亿元，拥有银行业务授信 1310 亿元，累计担保总额达 5759 亿元，为 3 万多家客户提供了担保服务，是目前国内成立时间最早、业务规模最大、产品种类和客户资源最为丰富、综合实力最强的担保机构之一。近年来，中投保一直保持中诚信、联合资信等国内权威评级机构给予的 AAA 信用等级，并先后荣获“中国百强企业奖”“最具竞争力担保公司”“新三板挂牌金融行业最具投资价值奖”等多个奖项，市场信誉和品牌影响力持续提升。

三、六道“防火墙”，识别项目的 ESG 风险

由于非上市资产大多缺乏公开的 ESG 信息和评级，投资团队需要自主开展 ESG 尽调，并结合研究、问卷、访谈等多种形式获得数据，来评估项目存在的 ESG 风险及对收益的影响程度。对不同行业而言，ESG 各维度议题的重要性不尽相同，因此对标的项目的尽调范围和重

点也应进行一定的定制化设计，从而使评估更精准。

国投在投资决策中高度重视投资风险的管控，项目需要经过层层递进的六道投资决策流程，相当于设置了六道“防火墙”，对投资方案进行多方面评估与决策，确保投资决策更加科学、有效，增强了投资决策的风险控制。在评估决策过程中，国投注重将ESG因素与项目长期增长潜力挂钩，将包括气候变暖、自然资源稀缺、环境污染、产品数据安全、产品质量等ESG风险的识别纳入对项目的考量之中。

国投的六道“防火墙”制度

第一道决策流程——子公司发展部。子公司发展部捕捉到项目投资机会后，需分析该项目投资价值、与公司战略的匹配程度，以及是否符合公司投资指导原则等，在此基础上编写《项目开发申请报告》《项目建议书》《项目投资方案》，提交子公司办公会讨论决策。

第二道决策流程——子公司办公会。子公司办公会依据《项目开发申请报告》《项目建议书》《项目投资方案》，基于本单位的发展规划、现有投资组合和市场情况，以及国家有关产业政策和行业规划，决策是否开展前期工作或投资。子公司权限内的决策事项由子公司办公会自主决策；子公司权限外的决策事项，子公司办公会决策通过后，须提交公司总部决策。

第三道决策流程——总部职能部门。参与投资决策的职能部门是战略发展部、运营与安全生产监督部、财务部、法律事务部。总部职能部门分别依据各自职能分工和专业领域，对上报公司总部决策的投资项目提出分析意见。

第四道决策流程——投资委员会。作为国有资本投资公司，国投投资涉及的行业相对较多，投资决策的专业化要求较高。通过借助专家丰富的行业知识和投资经验从更高的层面和更深的行业角度，对重大项目投资方案进行决策把关，并形成投资委员会独立意见，供公司决策参考。

> 第五道决策流程——公司办公会。公司办公会听取投资方案汇报后，在综合总部职能部门意见（重大投资项目还要参考投资委员会意见）的基础上，进行决策。
>
> 第六道决策流程——公司党委会和董事会。经过公司办公会审议通过的重大项目投资方案，经党组织研究讨论后，再由董事会或经理层做出决定，充分落实党组织对于重大问题的前置决策程序。

（一）洞察生态环境保护风险

在碳达峰、碳中和背景下，国投提出实施“节能环保新能源战略”，积极发展循环经济，推进资源综合利用，向资源节约型、环境友好型企业转变；优化能源结构，合理利用能源，逐步打造资源节约型、环境友好型产业体系。在投资决策过程中，国投深入分析、提前研判环境因素对项目的影响，将生态影响、碳排放量、能源使用等指标纳入决策评估，并且按照等级划分识别出重大环保风险和重大环保隐患。

> **生物多样性纳入投资决策考量**
>
> 国投在对投资项目进行研判时，会将生态环境保护风险纳入考量范围。
>
> 2020 年，国投在研究一个境外项目投资议案时，发现这个工程项目可能会破坏当地红猩猩的栖息地，威胁到红猩猩的生存环境，造成对生物多样性的影响。集团的董事们非常敏锐地捕捉到了这个风险因素，明确表示这是一个非常严肃的问题，需要引起重视。首先，环境保护是全球关注的话题，要提高对这一话题的认识，尤其是红猩猩还是濒危的物种；其次，项目可能会遭遇外国的一些非政府组织的反对，如果有了负面的舆情报告，会对项目推进产生很大影响，还可能涉及国别政策的问题。
>
> 这个项目最终决议是“附条件同意”①，其中条件之一就是必须确保红猩猩的问题全面化解，才能继续推进。

① 来源：集团内部访谈。

（二）洞察社会重大经营风险

及时识别与洞察社会重大经营风险事件是风险防控机制的重要一环，能够减少资产损失和消除不良后果，避免发生系统性经营风险。国投定期修订《境内投资项目负面清单》和《境外投资项目负面清单》，要求对投资风险评估一般应进行定量分析，无法进行定量分析的，应有针对性地做出定性分析。对投资项目面临的主要风险或潜在风险，应提出相应的风险管控或防范措施。并根据国资委相关要求，在投资决策过程中，对所投项目的社会重大经营风险事件进行专业的审核、分析、研判并处置。

（三）将 ESG 纳入投资决策风险防控

国投率先在基金投资业务中引入 ESG 管理理念，旗下国投创益、国投招商等基金公司分别结合自身业务特性，制定了各自的 ESG 投资和 ESG 管理体系，包括《ESG 投资政策》《ESG 投资管理手册》《ESG 剔除列表和风险分类》《ESG 尽职调查指南》等，做好投资决策的风险防控工作。

在项目开发、评估和立项阶段，初步尽调整合 ESG 因素的目标是通过内部的 ESG 筛选标准，排除项目固有 ESG 风险过高及可能给公司带来声誉风险的项目。若 LP（有限合伙人）有针对 ESG 议题的具体指引，公司应确保相应指引在投资前的工作流程中得到贯彻。项目组、风控团队参考《ESG 剔除列表和风险分类》剔除须避免的投资项目，并针对不同投资项目所涉及行业的特点，识别投资组合公司的 ESG 固有风险，确定深入尽职调查阶段的 ESG 尽职调查方式，依据 ESG 风险分类情况，厘清尽职调查需要覆盖的 ESG 问题项，并着手准备项目立项的相关文件。

在尽职调查阶段，风控总监和项目组共同主导调研工作，对拟投资项目进行 ESG 重要性分析，并根据《ESG 尽职调查指南》评估投资项目的 ESG 风险、识别尽调范围、设计尽调清单、厘定中介机构工作范围。除拟投资项目自身的 ESG 风险以外，项目实际控制（控股）的重要关联方的 ESG 风险也被列入深入尽职调查范围之内。尽调信息收集完毕后，风险控制部和法律合规部将拟投资项目的 ESG 尽调结果进行分析判断，将重大发现项列入《风险报告》中，交投资委员会讨论和决策。

在投资决策阶段，ESG 问卷表、ESG 重大发现项需要与其他尽职调查发现项一并纳入投资决策委员会的审阅材料和决策讨论中，并对 ESG 重大发现项进行讨论，确认并记录最终处理方式，包括但不限于放弃投资、投资前整改、将投资后整改或相关合规性承诺写入投资协议条款或其他交易文件等。必要时，投资委员会还需要对投资决策后可能发生的重大 ESG 事项变化和风险进行讨论和决策。

在协议谈判阶段，对 ESG 相关合规性承诺的要求既包括适用于所有投资项目的 ESG 条款，也包括适用于本投资项目的具体条件。对需要进行交易前整改或 ESG 相关合规性承诺的项目，投资项目团队和法律团队应依据重要的 ESG 尽职调查发现，与投资标的企业就交易文件共同协商讨论，确保各项 ESG 相关承诺纳入交易文件的谈判与条款中。投资项目团队和法律团队需确保在交易条款中明确对重大 ESG 事件的定义、投资标的有关整改和行动计划的汇报关键绩效指标（KPI）、定期报告频率和形式。根据最终确定的 ESG 条款及 ESG 尽职调查发现项，投资团队可能还需要开展进一步的 ESG 评估或实地考察。在项目成交支付资金前，投资委员会、ESG 工作组及其他支持部门需确保投资标的已满足投资协议中规定的与支付资金挂钩的所有投资条件。

中投咨询在工程咨询评估环节防范 ESG 风险

中投咨询是国投集团旗下的综合性专业咨询机构，主营业务包括投资咨询、管理咨询、工程咨询、电子招采等。中投咨询作为国投集团发挥“智囊、手段、战略协同”作用的咨询服务单元，负责集团范围内的固定资产投资项目第三方评估，是集团项目投资决策的重要环节。

多年来，中投咨询为国投集团近百个项目提供了可研评估、初步设计评审、后评价等工程咨询服务。在具体项目中，通过组织专家审查、沟通反馈意见、提出优化路径，对项目实施过程中可能存在的重大技术和社会风险、重大设计变更、造价超概等进行重点审核和揭示，对个别项目存在的建设内容或规模不合理建议调整、暂缓或分期建设，对工程造价过高的设计方案提出核减投资的意见，对项目运行过程中存在的问题提出改进建议等，从而使集团及成员企业的投资决策更加科学，建设项目更加经济合理，切实提高了项目投资的经济效益和社会效益。

在工程咨询评估过程中，中投咨询对环境保护、水土保持、劳工安全、工业卫生等涉及 ESG 方面的问题进行重点关注，确保项目在满足集团技术经济约束指标的同时，在环境、社会和公司治理等方面不断改进和提高。

四、以流程控制为主，推进责任投资决策制度化、流程化

国投坚持价值投资和责任投资，将 ESG 理念与投资组合业务全面融合，将环境、社会、公司治理因素纳入投资决策，在投资原则、投资模式、投资组合、投资能力等多方面融合，最大限度地创造经济、社会、环境综合价值。

（一）基本形成了一套较为科学的责任投资决策体系

经过近 10 年的探索和实践，国投基本上建立了一套符合国有资本

投资公司实际的投资决策体系。坚持突出主业、坚持流程、坚持投资指导原则，始终支持创造正向环境效益、社会效益的项目，且取得了一定成效。

国投形成了《投资决策管理规定及执行流程》和《境外投资决策管理规定及执行流程》两大流程，在项目投资决策中注重专家论证和项目评估，注重风险控制，将科学决策与民主决策有机地结合起来，形成了投资决策机构、执行机构、监督机构相互协调、相互制约的工作机制，项目投资决策的成功率显著提高。

（二）划分决策权限，力求实现权责匹配

国投建立分级授权与分类授权相结合的投资决策授权管理体系。每年对子公司投资决策授权情况进行评价，形成动态调整机制。公司董事会、总经理、子公司负责人根据各自决策权限对投资事项进行决策。公司董事会向公司总经理授权；公司总经理将子公司主业范围内的，在一定额度内的且不需要公司配置资本金的部分投资事项，授权给子公司负责人决策。同时，境内投资授权采用出资额口径，境外投资授权采用投资额口径。

同时，在管理权限上，厘清了派出董事或股东代表的权力边界，厘清了公司决策与经营单位法人治理结构之间的关系，国投内部明确了凡属公司决策事项，公司、全资子公司及公司控股企业派出董事或股东代表，须依据公司决策发表意见。这一规定有两层含义：一是尊重法人治理结构，明确经营单位董事会、股东会为相应事项的最高决策机构；二是将公司控制力落到实处，明确凡属公司决策事项，派出董事或股东代表须依据公司决策发表意见和表决，而不得依据其独立判断发表意见或表决。

第四章

投后管理：放大投资项目的社会价值

长期以来，项目投资普遍存在“只投不管”“重投轻管”等问题，导致投后管理不到位，投资成功率也比较低。随着股权投资市场的不断发展，越来越多的机构开始发力投后管理与投后服务，拓宽投后的广度，力求最大范围覆盖投资企业需求。新冠肺炎疫情“黑天鹅”的出现，加速了投后管理与服务的纵深发展。投资已经不是纯粹资本结构的“金融工程”游戏，而是一个价值创造的过程。在投后管理中如何主动加强与投资企业的交流沟通，深入了解企业发展的难点堵点，通过社会价值赋能，帮助企业形成发展突破口是至关重要的问题。

联合国负责任投资原则组织（UN PRI）提出纳入 ESG 问题的六项原则，其中“成为积极所有者，将 ESG 问题纳入所有权政策和实践”“寻求被投资实体对 ESG 相关问题进行合理披露”“推动投资企业广泛采纳并贯彻落实负责任投资原则”等原则指导着投资公司在投后管理方面积极融入 ESG 理念，促进被投企业提高长期价值表现。经过多年的探索，国投建立起以全面预算为龙头，以运行过程管理为保障，以绩效考核管理为抓手的投后管理体系，以及以经营评价分类为基础的投后退出管理体系，努力将环境、社会、公司治理等要素融入投后管理过程中，以提升投后管理创造的综合价值。

一、以全面预算管理为龙头，管控履责效果

国投按照“三突出、三集中、五加强”的总体思路，以加快实现质量变革、效率变革、动力变革为目标，形成以“集约化程度高、精益化程度强、刚性约束力度大”为特征的科学全面的预算管理体系。科学全面的预算管理体系贯穿于预算编制、执行、控制、监督和考核等各个环节，对于保障战略规划落地实施，优化资源配置，加强内部控

制，强化闭环管理，有效防范各类风险等具有十分重要的作用。2022年，国投推进科学全面的预算管理体系建设工作，优化预算编制流程，共形成41张业务流程图及83份关键业务动因跟踪台账；构建标准成本体系，共制定1556项、17867条标准成本费用，覆盖率基本达到100%；建立支持多行业目标预测模型，设计26个模型，共271项核心指标，全面提升预算编制的质量与效率；深度集成业务系统，打通预算与资金、经营业务系统的接口，实现预算刚性管控；集团下属457家企业全部纳入预算系统，实现集团预算系统的全级次推广。

（一）全面预算闭环管理促进资源高效配置

国投建立完善了以战略为依据的“三年滚动预测、年度目标预测、年度预算、考核得分预测、季度滚动预测、预算分析、预算调整、预算考核”的闭环管理体系，实现战略目标、长期规划、年度目标、季度目标的有效衔接，促进资源的有效配置，使全面预算管理真正成为落实发展战略、提升投资综合价值的有力工具。2022年，国投推进建设智能高效的财务信息化体系，新建“4+2”板块基于标准成本的目标预测模型，制定1292项、8244条标准成本费用，实现全面预算系统集团全级次推广。

国投北疆“目标、预算、绩效”全面经营管控，实现持续挖潜增效

国投北疆建立了一套以经济效益为中心、以目标管理为龙头、以全面预算管理为统领、以绩效考评为抓手的“目标、预算、绩效”全面经营管控体系。树立“一切成本均可降”的理念，通过“项目关联费用、费用关联预算、预算关联计划、计划关联绩效”的管控机制，将利润总额、营业收入、资产负债率、发电量、供热量等目标指标“化整为零”，细化工作措施，明确时间节点和责任部门，采取定期通报的形式，将各项工作实际进度与目标值进行对比，不断挖潜增效，提高工作效率。

> 结合自身最重要的保供电责任，国投北疆优化“大集控运行”管控模式，积极与电网沟通联系，全力以赴抢发电量，在落实年度目标上具体到天，采取指标竞赛等方式抓细盘前电量，确保电量“颗粒归仓”；强化检修工艺流程管控，以春检、机组检修等工作为契机，持续推进检修工作标准化，对机组进行全方位“体检”，确保机组在最优工况下运行；紧盯煤炭供应链，积极协调铁路、煤矿等多方关系，进一步拓展资源，合理保持煤场库存，千方百计降低燃煤成本创造效益，提高资产使用效率，提升企业管理水平。

（二）梳理关键驱动因素中的社会责任因素

针对多元化的经营结构，国投强化预算管理与管控模式的衔接，在满足集团管理需要的同时，充分考虑子公司的职能定位和管理需要，根据主要业务板块的业务特点，梳理关键驱动因素，包括安全生产、节能降耗、人资管理等社会责任因素，建立盈利预测模型，进行目标合理性测算，制定有序及合理的发展目标。

> **国投京唐港运用效率提升手段，助推降本增效和节能降耗**
>
> 国投京唐港结合自身实际情况，将成本领先战略作为公司的战略之一，在成本压降空间越来越小的客观情况下，效率提升也作为成本压降的重要手段。发挥全面预算管理、绩效考核、技改，总结经验，提升卸车效率，实现节能降耗和成本科学管控。
>
> 随着作业量及配煤量的增加，流程冲突增加，CD3 翻车机作业量明显增加，加上黄标不一致车辆需要摘钩作业等情况，CD3 翻车机在作业效率较低的情况下，却需要翻卸更多的列车，导致整体卸车效率较低，能耗较高。另外，CD1 翻车机和 CD2 翻车机因部分设备老化，造成在线故障增加，也是卸车效率降低的原因之一。

> 为提高国投京唐港的核心竞争力，进行卸车效率提升成为必然选择。通过翻车机程序改善，提高CD1翻车机和CD2翻车机的定位车前行速度、返回速度，降低CD1翻车机和CD2翻车机翻转角度；缩减CD3翻车机慢速行程、翻转停顿时间，最终平均每个循环翻车机翻转时间由原来的49秒变为现在的40秒。改造后综合3台翻车机情况来看，平均每列车缩短翻卸时间6分钟。按国投京唐港每年卸车量5000万吨计算，全年接卸火车约6000列，在卸车流程中每节约1分钟，可以节约电费约35元，全年预计节约电费$6000 \times 35 \times 6 = 126$万元，实现节能降耗，节约用电成本比较显著。

二、以过程管理为依托，全面融入价值考量

国投坚持以运行过程管理为保障，全面梳理投资企业运营管理过程要素，以三级架构为载体，分级分层厘清管理边界和管理责任，确保包括安全生产、劳资关系等社会责任事项在内的管理要素全覆盖，同时强化过程监控，突出问题导向，聚焦关键管理要素，深入分析并监督解决生产经营过程中存在的问题，全面提升投资企业日常管理水平，助力实现可持续性综合价值创造。

（一）规范管理方法，确保管理要素全覆盖

投后管理的关键在于解决“管什么、谁来管、怎么管”。在探索国有资本投资公司健康发展的道路上，国投始终坚持的一个理念就是：管理，没有最好，有效就好。与产业集团普遍采取的集约化管理不同，国投逐渐摸索出具有股权投资特征的投后管理方式。

1. 探索包括社会责任要素在内的全要素管理方法

为进一步推进集团化、专业化、差异化管理，探索国有资本投资公司母子公司间的管控模式，规范对子公司和控股投资企业的管理，国投

创造性地在经营管理活动中全面应用要素管理方法，将子公司和控股投资企业的管理活动提炼为若干决策类要素和监管类要素（即“管什么”），明确管理主体和管理责任（即“谁来管”），同时构建要素管理的制度和流程（即“怎么管”），实现管理重心下移。

要素管理是指国投对控股投资企业的部分决策事项和监管事项实施的管理，包括董事会、监事会及董事会聘任的高管人员等高管人员管理、捐赠管理、安全生产监管、人力资源监管等社会责任因素。要素管理明确了总部、子公司、控股投资企业的责、权、利关系，解决了对子公司、控股投资企业“管什么、谁来管、怎么管”的问题，使得“事事有人管”，又避免“人人都来管”，成为指导各项经营管理工作的基本准则及统领其他管理制度、政策、规范的基础。

2. 要素管理程序因要素类别差异而不同

决策类要素是指控股投资企业中需要总部或子公司来决策的管理要素，比如控股投资企业董事会、监事会成员及董事会聘任的高管人员的任命和管理等；监管类要素是指控股投资企业自主决策，由所在子公司负责监管的管理要素，比如控股投资企业的安全生产监管。同理，子公司层次的决策类要素是指需要总部进行决策的管理要素，而监管类要素是指由子公司自主决策，而由总部进行监管的管理要素。凡是决策权限在总部的管理要素，决策前需由子公司提出意见和建议，并由总部相关职能部门提出意见。凡是决策权限在子公司的管理要素，决策前需由责任项目经理提出意见和建议，并由子公司相关部门提出部门意见；需要报国投备案的，则需按国投相关制度办理备案。

3. 运用市场化机制，助推投资上市企业持续改善社会责任水平

作为国有资本投资公司，国投深知资本市场是公司发挥投资引领作用的重要场所，其职责包括选择符合公司发展战略、增长确定性较强的行业与企业，战略入股优质上市公司，坚持价值投资、中长期持有，积极引导所投资的上市公司满足资本市场的社会责任要求，利用资本市场加快相关产业培育，创造有助于企业发展和经济社会发展的可持续

价值。

国投中鲁秉承“服务‘三农’”宗旨，助力乡村振兴战略落地

国投中鲁是国投控股的上市公司，主要从事浓缩果蔬汁、饮料生产和销售，主导产品为浓缩苹果汁。

作为农产品加工企业，国投中鲁积极承担社会责任，始终走在助农、惠农的道路上，多方帮助定点帮扶县，支持宁县苹果种植产业发展，推动乡村振兴战略落实落地。例如，北京市昌平区苹果种植区域遭受冰雹灾害，国投中鲁向当地苹果种植农户伸出援助之手，累积采购昌平苹果110吨用于精深加工，为当地苹果种植农户提供产品销路，增加了农户收入。山西临猗地区6个乡镇遭受严重冰雹灾害，受灾面积达8万余亩（1亩≈666平方米），国投中鲁第一时间组织人员配合当地政府对灾情进行调研，对受灾群众进行安抚，并立即启动受灾果的收购工作，尽最大努力减少农民经济损失，为乡村振兴、民生幸福事业做出积极贡献。

（二）关注环境（E）要素，助推深化环保实践

党的二十大报告指出，推动绿色发展，促进人与自然和谐共生。大自然是人类赖以生存发展的基本条件，尊重自然、顺应自然、保护自然，是全面建设社会主义现代化国家的内在要求，必须牢固树立和践行绿水青山就是金山银山的理念，站在人与自然和谐共生的高度谋划发展。

早在国投第二个五年规划（2008—2012年）初期，国投提出实施“节能环保新能源战略”，积极投资节能环保产业，加强投资企业绿色环保管理，引导资本投向资源节约型、环境友好型企业，逐步打造资源节约型、环境友好型产业体系，助力“天更蓝、水更清、山更绿”，2020年提出“绿色战略”。

2021年，国投面向子公司、控股投资企业下发《生态环境保护风险防控和隐患排查治理管理办法》，明确各个投资企业生态环境保护风险防控和隐患排查治理的责任主体、工作机制，以及不同等级生态环境保护风险识别和隐患排查标准、风险分级防控和隐患排查整改清单等内容，有效督促和引导投资企业加强生态环境保护，降低环境风险和影响。

国投资本发挥绿色金融优势，引领产业绿色转型发展

近年来，国投资本高度重视发展绿色金融，引导资金流向节约资源技术开发和生态保护产业，引导企业生产注重绿色环保，助力碳达峰、碳中和。

子公司安信证券主承销四川省首单碳中和绿色公司债券——雅砻江水电，以及扬州市首单绿色企业债券，共计募集资金17亿元；助力新能源风电核心供应商张家港广大特材定增募资13亿元；推进绿色金融产品创新投资，投资绿色债券约2亿元，布局新三板绿色产业标的规模约3亿元。

安信证券全资子公司安信资产管理有限公司大幅提升绿色产业研究力度，聚焦新能源、新材料、新基建等行业开展深入研究，并率先在国内首只券商QDII（合格境内机构投资者）集合资产管理计划的产品设计和投资中引入ESG选股标准。

国投泰康信托联合中投保发起实施“光萤计划”，通过屋顶光伏发电获得长期稳定收益，现运营的信托产品“国投泰康信托光萤惠农1号单一资金信托”首期规模1000万元，预计系列总规模2亿元。预计项目实施完成后，光伏发电量总计约16亿度，减少二氧化碳排放约160万吨，能够有效促进节能减排，兼具“惠农+绿色+科技金融”特色，为乡村振兴贡献力量。

（三）立足社会（S）要素，引导共创美好生活

国投长期致力于成为产业投资的引领者、美好生活的创造者、持续回报的投资者，在立足民生需求寻找投资发展新方向的同时，有效发挥国有企业对社会负责的担当，重视投后促进投资企业提升产品服务质量、安全生产、劳工权益、供应链管理、伙伴合作、社区参与支持等水平，为促进社会进步、实现共同富裕目标贡献应尽之力。

国投高新牵头合肥波林与集团内多家企业开展业务对接

国投高新于2019年实现对合肥波林的控股投资。合肥波林在全系统设计、核心零部件开发、项目安装与运维等方面具备丰富的研发与实践经验，产品性能达到国际先进水平。国投高新积极牵头合肥波林与集团多家企业开展业务对接，实现资源优势的有效结合和互利共赢。2021年10月，国投高新推动合肥波林与中国电子工程设计院有限公司（以下简称电子院）及其所属世源科技工程有限公司、国投电力控股股份有限公司（以下简称国投电力）开展业务协同对接工作。经过初步对接和研讨，合肥波林与电子院、国投电力在太阳能光伏发电领域达成进一步合作意向。未来通过在光伏电站设计、建设、运营等各环节的通力合作，三方有望助推国投在太阳能光伏发电全产业链布局，实现较强的业务协同效应。

（四）聚焦公司治理（G）要素，规范现代化公司治理

规范运作、有效制衡的公司治理结构，是当今世界一流企业管理的四大基础要素之一。国投自开展国有资本投资公司改革试点以来，结合自身业务特点，创造性地提出“授权改革与建立有效制衡的法人治理结构相结合”等综合改革措施，推动子公司、控股投资等企业建立规范的公司治理结构，加强董事会建设，建立专职股权董事队伍，持续优

化深化审计监督，并将党的领导思想融入公司治理各环节，加速投资企业形成权责法定、权责透明、协调运转、有效制衡的公司治理机制，实现集团资源的优化配置和集团整体利益最大化。

1. 确保投资企业法人治理结构有效运转

作为投资公司，国投的很多投资并不追求全资或并表，更多是追求股权多元化和混合所有制，通过引入其他国有、民营、外资等社会资本，形成股权的有效制衡机制。国投按《中华人民共和国公司法》的要求，引导控股企业、参股企业建立规范的法人治理结构。从权力分配、责任监督、利益制衡出发，重点明确股东会、董事会、监事会和经理层四个管理层次的定位、权力及职责，做到相互独立、各司其职，建立起“产权明晰、权责明确、政企分开、管理科学”的管理体制，确保法人治理结构有效运转。

2. 要求投资企业构建协调运转的董事会

董事会是规范公司治理结构中最为核心的环节，董事会结构是否合理、董事会制度是否有效，以及外部董事能否真正发挥作用，是检验公司治理结构是否规范、合理的关键要素。国投十分注重加强董事会的建设，制定对控股、参股企业监管规定、日常监管流程及对董事会例行议事的监管流程，通过委派董事、监事，督促投资企业建立有效的法人治理结构和运作机制，确保投资企业决策程序透明化，充分保证股东权益。同时，推行股权董事制度，建立一套协同联动、专业高效的股权董事履职支撑保障机制，推动股权董事向专业化、职业化、市场化转变，当好决策建议的提出者、大股东意图的传播者、企业发展的促进者。股权董事是集团公司作为股东向子公司和重要投资企业派出的董事，代表股东的利益，除须股东审批的事项之外可在董事会层面对任职企业事务进行独立决策，并对决策终身负责，推动董事会依法合规行权，建立责、权、利有效落实的体制机制。

推行股权董事制度，更好发挥董事会在投资企业治理的关键性作用

结合国投对子公司“一企一策”授权改革，将子企业董事会议案区分为重大事项议案与一般事项议案。对于重大事项议案，在所涉事项报国投决策的前提下，保障专职股权董事在公司审批流程中发表独立意见，充分调动专职股权董事履职积极性。对于一般事项议案（即议案所涉事项授权子企业决策），则充分发挥专职股权董事的专业作用，由其自主决策、自行负责，缩短决策链条，提高决策效率。

国投大力加强股权董事队伍建设，不仅从全集团内推荐选拔，建立一支包括专职董事长、行业战略管理、人力资源管理、审计与风险管理专家在内的专职股权董事人才队伍，而且结合投资企业的业务特点和管理需求，选派形成一支包括行业领军人物、法律、资本运作、会计或审计专家在内的兼职股权董事人才队伍。

2020 年以来，国投深化股权董事管理改革，通过加强股权董事队伍建设和履职保障，助力股权董事当好“决策建议的提出者”“大股东意图的传播者”和“企业发展的促进者”，并以股权董事管理工作为抓手，助力子企业董事会定战略、做决策、防风险的作用得到更好发挥，为子企业健全治理体系、提升治理能力，实现高质量发展奠定了坚实的治理基础。

3. 持续深化投资企业审计监督

针对投资企业授权改革“一放就乱，一收就死”的现象，国投在央企中率先构建起大监督体系，在改革中持续完善、推动监督体系有效运转，形成了具有“全面、统筹、协同、共享、闭环、修复”特色的大监督系统。以问题和风险为导向，创新审计监督机制，完善审计监督报告机制；以审计集中为原则，整合集团内部审计资源；持续深化监事会改革。

4. 推动党的领导融入投资公司治理各个环节

中国特色现代国有企业制度，“特”就特在把党的领导融入公司治理各环节。党的十八大以来，国投一直积极探索把党的领导和公司治理有机结合的方式和办法，将党的领导有效融入公司治理。国投坚持“国有资本流动到哪里，党的建设就跟进到哪里，党组织的作用就发挥到哪里”的原则，要求子公司、投资企业落实党建工作要求进章程；落实子公司、控股投资企业党委书记和董事长“一肩挑”；实现党委领导班子成员和董事会成员、经理层成员“双向进入、交叉任职”；明确党组织研究讨论是董事会、经理层决策重大问题的前置程序，重大经营管理事项必须经党组织研究讨论后，再由董事会或经理层做出决定，为投资企业高质量发展筑牢组织保障和政治保障。

结合企业实际情况，助推美亚柏科形成党建经验与品牌

美亚柏科成立于1999年9月22日，是国投旗下国投智能科技有限公司的控股子公司，经过二十余年的发展，美亚柏科已成长为国内电子数据取证行业龙头企业、公安大数据领先企业、网络空间安全及社会治理领域的“国家队”。

2019年7月，国投相对控股美亚柏科后，充分考虑其纳入地方国资管理体系条件不成熟等实际情况，对美亚柏科的党建工作进行管理指导。美亚柏科积极探索由非公企业党建向国有相对控股混合所有制企业党建转变，在实践中继续提升党建工作水平，形成以“蓝海红帆”为特色品牌，以“红色旗帜”“红色堡垒”“红色动能”“红色警示”“红色沃土”为主要内容的党建工作体系。

在国投指引下形成的“美亚柏科经验”，既落实了加强党对国有企业全面领导的要求，又兼顾了混合所有制企业公司治理规律和管理规范的要求，考虑到了产权主体多元条件下不同利益主体的合法权利和利益诉求，为国投探索可复制、可推广的相对控股企业党建路径提供了强大的实践支撑。

国投罗钾以改革创新激发新活力，打造高质量发展新引擎

国投罗钾坚持以党的政治建设为统领，围绕“卓越党建领航”，依托“卓越党建管理模式创新性落地”工作体系，开展全方位对标，进一步夯实三基建设，加强基层党组织品牌建设，充分发挥基层党组织的战斗堡垒作用和党员的先锋模范作用，推进党建工作融入决策管理、融入科技创新、融入生产经营、融入监督体系、融入制度建设，加强党建与生产经营的深度融合，以高质量党建推动公司高质量发展。

作为国务院国企改革“科改示范企业”之一，国投罗钾大胆变革基层管理模式，全面深化市场化改革，不断完善法人治理结构，积极推行实施职业经理人制度，实行中层管理人员任期制管理，推进薪酬制度改革，建立绩效薪酬联动、差异化激励分配机制，进一步强化管理提升，推动企业持续创新发展。坚持走“产学研联合、多学科协作”技术研发道路，立足自主研发，优化建立技术创新平台和机制，加大新产品、新工艺开发力度，提高罗布泊盐湖资源利用率，推动公司转型升级和产品多元化，不断提升公司产业链、创新链和价值链。建立以市场为导向的创新机制，以需求牵引加快科技创新，初步探索形成“市场＋研发＋推广＋服务”的商业创新模式，实现多种新产品同步研发、同步市场推广，促进科技成果产业化、商品化。

三、以全面风险管理为保障，严格把控非财务风险

在全球新冠肺炎疫情蔓延的当下世界，社会和企业在应对失业、贫困和气候变化等问题方面面临着巨大的挑战。环境、政策、社区和治理等非财务因素对企业发展的影响被重新审视，也让更多投资者和企业清醒地认识到评估非财务风险的重要性。严格考虑非财务风险，既是对投资风险和收益的更全面考量，也是对监管机构相关要求的积极回应，并

符合利益相关方对投资透明度日益提升的诉求和期待。对于投资企业来说，打造一套全面的风险管理体系，同时纳入、考量财务与非财务风险，是顺应时代发展、主动应对变化的必经之路。

为加强风险管理工作，全方位、全流程、全周期保障投资风险与投资收益相匹配，国投根据国资委对中央企业全面风险管理和内部控制管理等有关规定的要求，结合公司实际，制定了一系列风险管理办法、工作规则等，构建起融入“融、投、管、退”全流程的全面风险管理体系，实现对财务风险和非财务风险的全面管理。

（一）优化风险管理体系，实现全面风险管理

国投的全面风险管理由“集团总部—子公司—控股投资企业”分级实施，按业务类别和风险类型制定相应的管理措施。各级党政主要负责人为全面风险管理工作第一责任人，对全面风险管理负主要领导责任；分管负责人统筹组织各项制度和措施的落实，对全面风险管理负分管领导责任。

2022年，国投开展“全面风险管理实施年”活动，加快推动管理体系有效落地并不断完善优化。总部相关职能部门按照职责分工，认真做好各类风险的归口管理，推动风险管理、职能管理和业务管理的有效融合。子公司建立健全适合自身行业特点的全面风险管理体系，切实提高对各类风险的管控能力。

1. 厘清层级条线，优化风险管理组织架构

国投从顶层设计上搭建了一套覆盖集团全级次、全业务、全流程、全员化，基于法人治理结构，分级、分类管理，适合国有资本投资公司特点的风险管理体系，进一步强化异常管理。搭建了包括“三级架构—五个层面—三道防线”的风险管理组织架构。总部成立经营层风险管理委员会，设立以风险管理为工作主线的职能部门。建立“集团

总部—子公司—控股投资企业”三级架构，“董事会—经营层—总部部门—子公司—控股投资企业”五个层面，“业务部门—风控部门—审计部门”三道防线的风险管理组织架构。

2. 明确职责分工，压实风险管理主体责任

公司董事会是公司风险管理的最高决策机构，董事会下设的审计与风险管理委员会对董事会负责。公司风险管理委员会是公司总经理办公会研究风险管理的议事机构，风险管理委员会办公室设在公司运营与风险管理部。公司运营与风险管理部是公司全面风险管理的牵头部门，统筹负责集团风险管理工作。总部各部门强化职能管理，按照职责分工开展归口风险管理工作，推动风险管理、职能管理和业务管理的有效融合。子公司充分发挥专业化管理职能，组织投资企业落实集团各项管理要求，建立本板块、本企业风险管理体系。投资企业压实风险管理主体责任，把风险管理工作机制有效落实到企业生产经营各环节，形成管理闭环。国投集团各类风险的归口管理部门如表 5－1 所示。

表 4－1　国投集团各类风险的归口管理部门

序号	归口管理部门	风险类型
1	集团办公室	公司治理风险、集团管控风险、公共关系风险、保密风险等潜在风险源及风险信息
2	人力资源部	人力资源风险等潜在风险源及风险信息
3	战略发展部	政策风险、战略管理风险、宏观经济风险、业务结构风险、改革与业务转型风险、改制重组风险、投资风险、国际化业务投资风险等潜在风险源及风险信息

续表

序号	归口管理部门	风险类型
4	运营与风险管理部	金融风险、安全环保质量风险、科技创新风险、信息系统风险、业务协同风险、生产管理风险、采购与供应链管理风险、工程项目管理风险、市场竞争风险、客户信用风险、国际化业务运营风险等潜在风险源及风险信息
5	财务部	现金流风险、资金管理风险、预算管理风险、会计与报告风险、债务融资担保风险、税务管理风险、汇利率风险、金融衍生品业务风险、债务风险、经营效益风险、资产管理风险等潜在风险源及风险信息
6	法律合规部	法律纠纷案件风险、合规风险等潜在风险源及风险信息
7	党群工作部	舆情风险等潜在风险源及风险信息
8	纪检监察组	廉洁风险等潜在风险源及风险信息
9	党风廉政办	
10	审计部	审计计划风险、审计执行风险、审计报告风险等潜在风险源及风险信息

3. 强化闭环管理，形成“1 + N”风险管理制度体系

结合监管要求、市场惯例、风险偏好、战略目标、业务特点等，国投建立起适用于集团实业、金融各板块，以全面风险管理办法为核心，包括风险报告、偏好管理、监督检查、考核评价、责任追究等对各类风险实现管理闭环的“1 + N”制度体系，具体包括《国家开发投资集团有限公司全面风险管理办法》《国家开发投资集团有限公司生态环境保

护风险防控和隐患排查治理管理办法》《国家开发投资集团有限公司风险管理委员会工作规则》《国家开发投资集团有限公司风险偏好管理办法》《国家开发投资集团有限公司境外企业风险管理办法》《国家开发投资集团有限公司金融企业风险管理办法》等制度文件。

各子公司根据板块涉及的行业特点、监管要求、发展规划等，制定专项风险管理办法，以风险控制与效率平衡为目标，规范风险管理流程并持续优化。国投资本股份有限公司作为国投的金融控股平台，主动对照中国人民银行《金融控股公司监督管理试行办法》，着力提升风险管理水平，制定完善了信用风险、市场风险等金融企业面临的主要风险专项管理办法。

4. 积极塑造风险管理文化，培育文化“软实力”

作为国有资本投资公司，国投率先提出“风险管理是企业核心竞争力”的价值导向，确定了“严守底线、赋能发展、助力经营、创造价值”的风险管理理念。积极使用先进载体和工具，通过多种形式，自上而下推进集团风险文化建设，将集团风险管理的价值导向、理念及相关制度、流程、工具等进行解读宣贯，在集团内营造良好的风险管理文化氛围，不断增强全员风险意识。国投运用多种渠道平台加强对风险管理理念、知识、系统、流程、工具等的宣传培训，打造统一的风险管理文化，促进风险管理深入人心，成为集团上下的自觉意识和行为习惯，把风险控制融入日常工作环节中，提升风险管控“软实力”。

（二）健全风险管理流程，提升风险管理水平

国投以风险控制与效率平衡为目标，健全风险识别评估机制、监测预警机制及风险报告机制，及时跟踪、分析、报告重大风险事件对集团的关联影响。优化风险管理指标体系，梳理完成400多项核心风险指标，并与风险类型相匹配，明确风险偏好和风险限额，设置指标阈值，

定期监控并分级预警，全面增强国投对风险的掌控力、可控力。着力提高风险分析和预警预判能力，积极创新，组织集团内外专业力量协同开展风险分析，在前瞻性、精准性、共享性上下功夫，进一步提升季度风险管理报告等各类风险报告质量。

1. 确保“全覆盖”，引入风险并表管理理念

国投按照“业务做到哪里，风控就要延伸到哪里”的管控原则，突破性引入“风险并表”管理理念：风险管理范围除中央企业传统的会计并表范围，还包括产生风险和损失时，对集团造成显著影响的其他非会计并表子公司和各级投资企业；将所属金融企业涉及风险的各类表内业务、表外业务和中间业务及境内外业务、本外币业务，以及所属境外企业纳入风险管理范围，实现对集团承担实质性风险业务的全面覆盖。

2. 将信息化与风险管理有机结合，强化系统“硬控制”

按照集团“十四五”信息化和数字化规划的安排，国投着手建设并推广集团公司风险管理平台，把风险管理体系各项工作的程序、机制及先进管理工具固化到信息系统中去，通过信息化手段准确传递信息，强化“IT 硬控制”，提高对各类风险的主动防范能力。国投风险管理平台目前已集成实业板块、金融板块等风险指标计量与监测、风险事件报送与跟踪等功能模块。同时，各级企业对标先进企业的经验做法，不断加强信息化、数字化建设，提高信息传递的时效性、准确性。

3. 防范金融风险，开展风险偏好管理

国投金融板块现已覆盖证券、信托、证券基金、银行、担保、财务公司、期货、财产保险、保险经纪等多个金融领域。国投在中央企业中第一个开展金融业务风险偏好管理，制定了风险偏好管理办法，明确了风险偏好的制定、监测、报告、调整、纠偏等工作机制，并将风险偏好制定和纠

偏作为集团重大事项提升至董事会决策。国投的年度金融业务风险偏好需通过集团董事会审批后正式实行，涵盖各级金融企业及主要风险类型，通过明确风险偏好有效传递风险管理理念，提高风险管理意识。

"零时差"打造国投特色金融风控体系

一份风险管理PPT汇报，从3页做到23页需要多久？国投资本风险管理团队用了两年。23页PPT，从信用风险、市场风险、流动性风险等角度系统性分析了板块金融风险，并着重对政府融资、房地产和金融同业等领域开展风险前瞻性分析，对下一步风控工作给出中肯建议，赢得与会人员的掌声。

风险管理，见微知著，重在落实速度。2021年9月，国投资本在北京召开了资本板块风险管理体系建设启动会，毕马威咨询汇报了板块风险管理体系建设整体思路。这是在集团风险管理框架刚刚下发的情况下，国投资本迅速落实集团要求，快速无缝对接，风险管理"零时差"。在坚持"以我为主"的建设思路下，利用短短3个月，初步搭建完成了包含管理制度、风险计量和压力测试在内的金融风险管理体系框架，并积极落实集团打造风险管理排头兵要求，在国内金融控股公司中率先尝试开展经济资本计量工作，这背后正是国投资本风险管理团队两年来的不断积累和探索。

"投资企业都进行了风险管理，金融控股平台有必要做风险管理吗？""金融控股平台的风险管理怎么做？"国投资本建立风险管理体系，仿佛是在空地上建一座房子。两年来，面对前述质疑，国投资本风险管理团队系统梳理国内外金融控股监管政策法规，深入研究国内外头部金融机构风控实践，撰写完成了两万余字的研究报告，初步回答了长期困扰国投资本风控管理团队的理论问题，初步摸清了建设央企一流金融机构风控体系的路径方法。

“如何向他人论证，地球是圆的，而不是方的？那就带着大家走一圈。”根据理论研究成果，国投资本风险管理团队系统梳理金融板块各类业务，创新板块风险加权分析方法，持续开展风险监测预警，初步跑通了金融控股风险管理的主要环节，进一步坚定了金融板块上下建设国投特色金融机构风控体系的信心与决心。

为了适应集团金融风控体系建设的新要求，国投资本风险管理团队就体系建设目标、内容，与板块各控股投资企业一家一家谈，一家一家征询意见，尽最大努力凝聚板块体系建设共识，尽最大努力确保建设成果可落地、可操作。这座“房子”如今已见模样，不仅为国投资本搭建起防范风险的堡垒，也为集团风险管理工作增光添彩。

目前，国务院已经正式授权人民银行对金融控股公司开展持牌准入管理，人民银行也已正式印发了《金融控股公司监督管理试行办法》。作为过去20年我国金融混业经营浪潮的产物，金融控股公司正处于深刻变革的中心，国投资本作为集团金融控股管理平台，将打造国投特色金融风控体系为目标，助力“打造央企风险管理排头兵”。

4. 发挥集团优势，开展风险管理内部协同

国投结合下属业务板块多、市场触角广的产业多元化特点，创新建立起协同分析报告机制，组织实业企业、金融企业、私募股权基金从各自专业角度进行风险分析，为各单位提供决策支持。充分发挥集团风险管理委员会及其办公室的作用，汇总共享各业务条线的风险信息和风险事件，实现风险信息传递横向到边、纵向到底、上下贯通，及时发现关联影响，协同开展风险处置，推动集团整体风险应对能力提升。

四、以绩效考核为抓手，促进综合价值创造

绩效考核是企业管理的一项重要内容。客观、公正、准确地考核企业经营绩效，用好绩效考核这个“指挥棒”，有助于充分调动员工的积

极性和创造性，使员工紧紧围绕企业发展目标，高效地完成工作任务，是企业健康持续发展的内在保障。

自 1997 年起，国投按照“工作有标准、管理全覆盖、考核无盲区、奖惩有依据”的原则，积极推行绩效考核，不断探索、完善业绩考核工作，逐步建立适合国有投资公司特点的“总部—子公司—控股投资企业”三级考核体系。

（一）加强直接投资项目的绩效考核

国投的业绩考核工作始终坚持战略引领、价值导向、分级分类、科学有效、全员覆盖、激励约束的原则，充分考虑各细分业务板块的行业差异进行分类考核，将安全生产、节能减排、合规经营等社会责任问题作为考核扣分项，将绩效考核与薪酬分配紧密挂钩，保障考核导向作用的有效发挥，有效降低子公司、控股投资企业中包括社会责任风险在内的各类风险，助力更好的达成经营目标和社会环境效益。

1. 多元化业务分类考核，综合考虑投资企业关键责任

业务多元化企业的考核方式不能“一刀切”，也不能完全个性化地分散考核重点。国投始终围绕国有资本投资公司特点，坚持依据行业特点和功能定位差异，实施分类考核，并结合公司战略和各业务板块所处不同发展阶段及面临的主要矛盾，适时进行优化调整。2017 年，国投根据总体发展战略及业务结构变化，结合行业特点、战略定位、发展阶段差异，将子公司分为经营业绩、战略培育和协同服务三大类，在考核指标及工资总额弹性方面实施差异化管理，不同类别对应不同的考核重点和工资总额弹性。其中，经营业绩类企业的考核重点为经济效益、资本回报水平、市场竞争能力和经营短板等指标，引导提高资本运营效率，提升价值创造力；战略培育类企业的考核重点为收入规模、业务拓展能力、重点工作推进等指标，引导加快新兴产业战略培育；协同服务

类企业的考核重点为服务满意度、市场化业务拓展能力、成本控制水平等指标，引导提升服务集团能力水平。

2. 对标一流企业取长补短，全方位争创世界一流

国投在分析各业务板块所属行业特点、格局及行业优秀企业的基础上开展对标研究，主要选择同行业上市公司及行业关键指标作为对标参照，构建行业宏观、行业企业标杆体系。这相当于对投资企业进行全方位的体检，找到短板和差距，也就找准了下一步的改进方向，然后再通过考核引导及时补短板，形成对标管理的闭环。国投对于经营业绩跑赢对标组的投资企业给予额外考核加分并相应增加工资总额，对于跑输对标组的投资企业予以额外考核扣分并相应扣减工资总额，以此引导投资企业改善短板，为打造行业精品、落实一流战略提供机制保障。

3. 以社会责任问题为戒，推动投资企业履责改进

国投用综合业绩考核结果替代了原来的使用单一利润指标核定工资总额的方法，核定标准更为透明和可量化。在结合各子公司战略定位、业务类型、经营特点、发展阶段等因素确定分类指标的同时，扣分项也根据各子公司的行业特点分类设置，主要包括节能减排、安全生产、合规经营、资产结构调整、业务协同等指标，用于评价子公司各项重点经营工作的完成情况。根据考核打分情况，确定各子公司考核等级，与该单位绩效奖金总额、领导班子成员职务调整等挂钩，使得子公司有更多动力持续改进包括社会责任在内的全面绩效。

（二）提升基金投资项目的投后 ESG 整合

基金投资的投后团队确保并帮助投资组合公司遵守在投资协议或交易文件中双方确认的 ESG 相关条款，定期回报 ESG 行动计划、整改方案等，以便追踪进展。对于投资组合公司在 ESG 方面取得的进展，公司采取合适的措施，鼓励投资组合公司的 ESG 进展披露。在投后管理

中，投后团队利用相应的公司治理权力，督促投资组合公司董事会加强对 ESG 事项的理解，促进投资组合公司在持有期间完善 ESG 管理体系，并与其讨论改进计划，协助批准并实施有利于提升投资组合公司 ESG 表现的战略，以及长期股东和利益相关方价值的提案。投后团队将有关参与公司治理的表决、讨论情况，及时统计总结汇报给投后管理部门，并汇报提交给 ESG 工作组。

项目投后团队应在力所能及范围内及时知晓投资组合公司重大的 ESG 事件，及时与投资组合公司讨论任何尚未解决或潜在的 ESG 问题，评估或协助投资组合公司制定应对措施。根据报告的 ESG 事件信息，项目投后团队可以及时与风险控制、法律合规团队讨论，以确定是否需要进行实地考察、面对面会谈、第三方专业资源支持，以及其他必要的升级措施。

国投还以派驻董事等方式重点监督并指导企业关于投资款使用、公司治理、财务状况、经营状况、履责情况等重要事项，为投资企业决策提供意见，并监督措施落实。同时，综合运用 ESG 指标体系等工具，加强参股企业全面风险评估、综合价值评价，用心为参股企业的可持续发展赋能。

国投招商重视 ESG 投资管理，努力改善投资企业 ESG 表现

国投招商在投后管理环节，致力于以更系统的方式管理重大 ESG 因素，把握可持续发展有关机遇，妥善管理投资企业重大 ESG 实践造成的投资风险，鼓励和影响投资企业积极改善自身 ESG 表现。

一是进一步明确投后 ESG 管理职能分工。由投资委员会评估和讨论投后管理期间投资企业的 ESG 表现变化，考虑重大 ESG 相关风险和机会。由投后团队按照公司 ESG 战略重点和时间线，牵头负责落实投资企业 ESG 能力培训；牵头中介机构进行投资企业 ESG 投后提升；根据金融、实体行业、ESG 议题的监管要求，以及 ESG 投资实践的发展，定期更新投后监督工具。

二是深入推进投后管理的ESG整合。促进投资企业完善ESG管理体系，确保投资企业遵守在投资协议或交易文件中双方确认的ESG相关事项，包括ESG行动计划、整改方案等，及时追踪进展。鼓励投资企业披露在ESG方面取得的进展。积极跟踪重大的ESG事件，及时与投资企业讨论任何尚未解决的或潜在的ESG问题，评估或协助投资企业制定应对措施。及时与风险控制、法律合规团队讨论，以确定是否需要进行实地考察、面对面会谈、第三方专业资源支持，以及其他必要的升级措施。

国投创益建立社会效益评估体系，提升产业帮扶基金投资综合效益

由国投创益管理的央企乡村产业投资基金，通过六个步骤形成乡村产业影响力投资闭环管理（见图4-1）。一是搭建ESG指标体系，建立央企乡村产业投资基金ESG评价指标体系，形成衡量标准；二是收集行业ESG数据并建立ESG指标数据库，通过ESG尽调获取评级所需的企业ESG数据，并通过吸纳各行业ESG数据及外部数据，形成央企乡村产业投资基金ESG可视化数据库；三是ESG评级筛选投资项目，根据ESG评价指标体系对拟投项目按标准打分及评级，将ESG内容纳入投资协议，对企业ESG表现目标进行约束；四是定期评估企业ESG表现，通过影响力投资体系践行对投资企业的ESG风险进行评估，开展不同形式的ESG培训并督促其加快整改；五是适时发布影响力投资报告，定期对投资企业的ESG数据进行抽查及验证，发布《央企乡村产业投资基金影响力投资报告》；六是滚动完善ESG指标体系，动态调整指标项，增强实用性及数据准确性，形成指标体系的滚动完善机制。

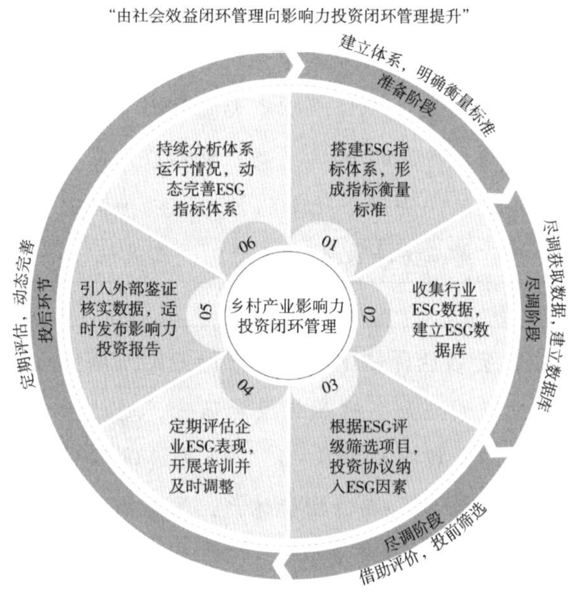

图 4-1　乡村产业影响力投资闭环管理图

ESG 指标体系分为三级，从乡村振兴总目标的角度出发，每一项指标都可归入总目标中的具体目标。一级指标为 ESG（环境、社会和公司治理）；二级指标以环境为例，分为改善人居环境、强化资源保护与节约利用、加强生态修复与保护，以及助力碳达峰、碳中和四个方面；三级指标是对二级指标的进一步细化，每一项都可量化、评分，如改善人居环境细化为污染物排放减少量、资源消耗降低水平、资源循环利用水平、环境修复水平等。基于 ESG 评分，央企乡村产业投资基金建立 ESG 数据库并动态更新，并以此作为影响力报告及央企乡村产业投资基金 ESG 品牌和评价体系输出的基础，实现以 ESG 评价为抓手高质量推进乡村振兴产业投资。

截至 2021 年，国投创益累积投资项目 213 个，投资金额 534.73 亿元，带动就业超 350 万人次，为就业人口提供收入超 4000 亿元，累积撬动社会资本超 3400 亿元，为地方政府贡献税收超 900 亿元，累计回收资金 114.07 亿元，所管理的基金实现良性自主滚动发展，有效兼顾了社会效益与经济效益，为国家决胜脱贫攻坚和实现乡村振兴做出了卓越贡献。

五、以经营评价分类为基础，发现退出价值与风险

企业发展要解决的一个根本问题是：如何在有限资源与有限市场空间的双重约束下，对企业所能拥有的资源进行优化配置。如果说把握进入机遇、选择进入领域是企业成功的关键因素，那么把握退出时期、选择退出方式，同样也是企业立于不败之地的关键。投资公司区别于产业公司的重要特征是，要通过股权投资和经营管理提升企业价值，并通过资本经营实现资本价值的最大化。

作为国有资本投资公司，国投始终坚持有进有退、有所为有所不为，以有限相关多元的业务结构，覆盖“投资占有股权—管理提升企业价值—股权交易实现增值”的全过程，创建以经营评价分类为基础的退出管理体系，不断向前景好的新兴行业转移、培植新的竞争优势，形成“投得准、退得出、能投会卖”的核心竞争力，通过退出管理实现价值创造，同时提升自身的抗风险能力和可持续发展能力。

（一）滚动跟踪评价

国投将股权全生命周期管理视为投资公司的重中之重。从 2000 年起就对投资项目退出建立了主动管控机制，以三年为一个周期，结合国家战略、发展方向、投资回报等滚动编制。一旦被列入规划，该项目就被落实在相关单位规划年度的退出计划中，并予以严格考核，当年如未完成，除了被予以考核扣分外，未完成的项目还会被滚动至下一年的退

出计划中继续跟踪督导退出。

面对新时期、新形势、新要求，国投从“管资本”角度，建立起一套对全级次投资项目运营质量及效率的动态量化跟踪评价体系。从战略匹配度、持续经营能力、资本回报水平等角度，聚焦价值创造、投资回报、盈利能力、经营增长、债务及现金流风险等方面的关键指标，构建包含自身绝对、自身改善、市场对标等多维度、每年滚动评价近三年经营状况的量化模型体系，提高资本运营效率。

（二）项目分类施策

国投根据各类指标的量化评价结果，对应分类判定条件，将投资企业分为经营、退出两种形态，以及优秀、正常、关注、观察退出、立即退出五小类。这些类别决定着国投对其实施的差异化管理策略。对于优秀类企业，需持续巩固优势；对正常类企业，需着力对标先进、力争优秀；对立即退出类企业，将被严格列入退出计划、尽早退出；而进入观察退出类的企业，即相当于被“戴了帽”，如不尽快改善，则跨年进入立即退出类；对处于正常及退出分水岭的关注类企业，将结合未来三年经营情况、对照评价及分类标准进行预测，如预计仍有发展前景的，需加快补齐短板，力争归为正常类；如预计仍难以好转的，需早做打算、及早退出，避免错过时机难以退出。

这种滚动评价的做法，不仅对各类投资企业特别是关注及观察退出类项目形成倒逼机制，督促其自我加压、及时提升质量效益，也引导子公司实时摸清家底、把握时机，主动加大对价值创造、经营效率、运营质量等持续不达标投资企业的结构调整力度，提升股权运营质量，更好地实现国投对股权全生命周期过程的动态管理，完善“业务有进有退、企业优胜劣汰”的股权经营模式。

（三）将社会责任绩效列入触发条件

国投在动态跟踪投资企业 ESG 表现的基础上，制定兼顾财务回报和可持续发展的综合退出方案，推动国有资本从不符合国家战略和自身发展方向、资本回报较低、生产技术条件较差、能耗高、无发展前景的项目中退出。通过资产处置专业化管理、托管经营、行业整体清退等多种方式，国投先后退出农业、林业、航运、煤炭等领域，集中资源发展健康养老、先进制造业、生物能源、大数据和互联网+、生物医药、城市环保等符合国家战略和民生需求的行业，通过市场机制实现自我良性循环发展，同时促使投资产生的综合效益最大化。

国投顺应新能源发展趋势退出煤炭业务，助力绿色低碳发展

国投成立之初，煤炭业务是其支柱产业之一。在2003年以后的10年间，煤炭业务曾为国投创下了近280亿元的利润，盈利能力十分突出。

2012年以来，中国煤炭经济持续下行，煤炭需求不足、产能过剩、供大于求矛盾突出，煤炭价格连续下跌，煤企经营困难加剧、效益大幅下滑，行业亏损面不断扩大。面对煤炭行业产能严重过剩的局面，国投主动调整产业结构，暂缓对地质条件复杂、安全风险较大、经济效益欠佳的采区开采，暂停不属于“煤电一体化、煤气一体化”配套的煤炭项目，减少煤炭产量。

自从2014年纳入首批国有资本投资公司改革试点单位以来，国投梳理调整现有业务，重点发展基础产业、前瞻性战略性产业，推动国有资本向命脉和民生领域集中。国投坚决淘汰低效无效产能，不符合要求的高耗能、高排放项目坚决不做。2016年，国投计划5年内完成5家煤炭企业8座矿井的关闭撤销，合计化解过剩产能1544万吨/年，分流安置人员18581人。国投在积极推动下属煤炭企业提质增效、实现整体扭亏的同时，结合国务院国资委优化整合涉煤中央企业煤炭资源的总体安排，以国资委组建央企煤炭资产管理平台公司为契机，推动全部所属3418万吨/年的煤炭业务及煤炭企业下属449万千瓦投产及在建火电机组重组。2016年9月1日，煤炭业务管理责任全面移交中煤集团。

2019年，国投已经完全退出煤炭业务，这并非剥离不良资产的无奈之举，而是符合国家能源结构调整的主动举措。同时，国投积极加大光伏、风电、氢能等清洁能源投资力度，加快绿色低碳技术创新应用，助力建立清洁低碳、安全高效的能源供应体系，用市场化方式助力绿色低碳发展。

国投电力退出容量小、能耗高的煤电项目，聚集资源推进清洁能源开发

国投电力上市20年来，累计融资22次，融资总额达到408亿元，其中85%是用于水电、风电、光伏等清洁能源开发建设。20年来通过持续投资，国投电力清洁能源装机由2002年的150千瓦，增长到目前的2500万千瓦，实现了台阶式跨越式发展。

国投电力已完成退出靖远二电、国投伊犁、国投宣城、国投北部湾4家控股企业，以及张掖发电、淮北国安2家参股企业，降低了化石能源的消耗量，将资源向新能源投资进一步倾斜。

第五章

积极应对气候变化的投资选择

1992年，联合国环境与发展会议在巴西的里约热内卢召开。各国首脑经过近一个月如火如荼的讨论后，通过了可能影响未来数十年甚至上百年气候变化进程的公约——《联合国气候变化框架公约》。该公约旨在控制二氧化碳等温室气体的排放，将大气温室气体的浓度维持在一个稳定的水平，防止人类活动对气候系统造成毁灭性的破坏。1997年12月，《京都议定书》在日本京都通过，对减排温室气体的种类等做出了具体规定，实现了对《联合国气候变化框架公约》的补充。后续的联合国气候变化大会通过了“巴厘路线图”，拟定但却未能通过《哥本哈根协议》，此时，全球各国对应对气候变化未达成共识，气候谈判进展缓慢。

2015年11月30日，第21届联合国气候变化大会（COP21）在法国巴黎召开，气候谈判也迎来转机。经过近半个月的谈判，与会的195名国家谈判代表共同签署通过了一个新的气候系统保护协议——《巴黎协定》。该协定把全球气候目标设定在全球平均升温幅度控制在工业革命前水平的2摄氏度以内，并努力实现1.5摄氏度的目标。自此，各缔约国开始了漫长而又艰辛的减碳之路。2021年11月12日，第26届联合国气候变化大会（COP26）在英国格拉斯哥闭幕。经过两周的谈判，《巴黎协定》各项实施细则得以完善，各缔约国也做出了新的承诺。积极应对气候变化逐渐成为全人类的共识。在投资组合方面，越来越多的投资者开始将气候变化因素纳入投资选择的考量，MSCI发布的《2021年全球机构投资者调查》也将气候变化纳入未来3~5年对投资决策最具影响力的因素之一。由此可见，做出积极应对气候变化的投资选择将成为主流趋势。

一、明确当下形势：以双碳行动拉开应对气候变化的序幕

2020年9月，习近平主席在第七十五届联合国大会一般性辩论上正式宣布："中国将提高国家自主贡献力度，采取更加有力的政策和措施，二氧化碳排放力争于2030年前达到峰值，努力争取到2060年前实现碳中和。"中国虽然将付出极其艰巨的努力，但只要是对全人类有益的事情，中国就应该义不容辞地做，并且做好。

（一）坚持服从国家战略，积极响应双碳行动

2020年10月，党的十九届五中全会审议通过了《中共中央关于制定国民经济和社会发展第十四个五年规划和二〇三五年远景目标的建议》，明确指出要制定2030年前碳排放达峰行动方案，到2035年，碳排放达峰后稳中有降。此后的中央经济工作会议、中央财经委第九次会议等党中央重要会议，也对碳达峰、碳中和给予了着重强调。国家发展改革委、生态环境部等国家部委围绕落实二氧化碳排放达峰目标与碳中和愿景，出台了《关于统筹和加强应对气候变化与生态环境保护相关工作的指导意见》《关于加快建立健全绿色低碳循环发展经济体系的指导意见》等一系列重要政策，并正在抓紧研究制订碳排放达峰行动方案。各行各业均积极响应减排工作，并开启了具体的研究规划。国务院国资委在2020年12月召开的中央企业负责人会议上明确指出央企要积极参与碳达峰、碳中和行动，发挥带头示范作用。

国投贯彻落实新发展理念，积极适应经济新常态，及时研究、准确把握国家发展战略、区域研究规划和关键区域政策，深挖重大项目投资机会，优化和调整资产结构，培育区域竞争优势，为转型发展提供支撑。作为央企改革的先锋，国投敏锐把握国家绿色发展要求，较早着手推动煤炭企业向矿产资源开发企业转型。2015年12月，国投将国投煤炭有限公司与国投高科技投资有限公司部分业务合并，设立国投矿业投

资有限公司。2016 年 9 月，国投将煤炭业务整体划出，国投矿业全面退出煤炭业务板块，向矿产资源开发企业转型。国投加快开发水电、风电等清洁能源，同时大力布局战略性新兴产业，为长期发展进行战略项目储备。

（二）认真分析外部环境，寻找可把握的投资机遇

国投认识到，投资选择需要扬长补短，应对气候变化的投资选择，尤其要关注外部环境的不确定性因素。一是新技术替代的风险。核聚变能是未来清洁能源的重要发展方向，世界各国正在该领域进行技术追逐。“人造太阳”可控核聚变技术一旦突破，将对光伏、风电市场形成巨大冲击。二是技术突破滞后的风险。在氢能产业商业进程中，除燃料电池技术外，还面临氢气制备、运输和存储等基础难题，例如，降低制氢成本难题、在静止或移动状态下存储氢气难题、储能电站安全性问题等。三是快速扩张产能过剩风险。产能过剩是我国长期以来努力解决但未能有效解决的难题。碳达峰、碳中和概念市场太热，各大企业纷纷加码布局，企业竞争加剧，易形成产能过剩的局面。

基于对外部环境不确定性因素的考量，国投进一步明确了可把握的机遇。一是深化电力结构调整，光伏、风电将成为主体能源，因此要坚定不移持续加大光伏、风电布局。国家“十四五”规划指出，要坚持集中式和分布式并举，大力提升风电、光伏发电规模，加快发展东中部分布式能源，有序发展海上风电，加快西南水电基地建设，安全稳妥推动沿海核电建设，建设一批多能互补的清洁能源基地，非化石能源占能源消费总量比重提高到 20% 左右。二是加大环保产业投资布局，大幅减少化石能源的市场预期，要提前预判趋势变化对国投煤炭、油气储运、燃油车配套等业务的影响。碳达峰、碳中和路线图给环保产业带来重大发展机遇，我国需要持续提升环保设施基础建设，打好水、土、气污染防治行动战，构建现代化环境治理体系；要探索开展农村环境治理，推

进农村生活垃圾就地分类和资源化利用，这些都会给环保产业投资带来机遇。

（三）识别自身优势短板，扬长避短高质量发展

国投自身的优势如下。一是产业结构现状较好。目前清洁能源占比超过60%，存量火电为大容量、高参数、低排放的机组。部分高碳耗能产业如化工、水泥等占比较低或已退出。二是已提前布局绿色低碳产业，在固废处理、水处理、生物质能等环保领域布局的一批项目与国家政策导向高度吻合。预计到“十四五”末，国投清洁能源占比将超过70%，战略性新兴产业营收占比将达35%。

劣势主要有两方面，一是电力板块在拓展新业务时不确定性较大，依赖煤炭油气供需市场的储运业务面临负面影响；二是围绕实现“双碳”目标的关键核心技术布局不足。如氢能储能方面尚处探索阶段，在节能减排新技术、新材料、新装备方面也处于起步阶段。

通过识别自身的优劣势，国投更加清晰地意识到，要深刻认识气候变化带来的机遇和挑战，增强机遇意识和风险意识，进一步突出服务国家战略的使命和责任，准确识变、科学应变、主动求变。

二、拥抱气候经济：以领先的管治手段推动绿色发展

（一）贯彻绿色发展理念，为应对气候变化做足准备

国投将绿色发展作为重要的发展战略，建立起行之有效的可持续发展管理机制。将以董事长任组长的资源节约与生态环境保护工作领导小组、以总经理为负责人的安全生产管理委员会和风险管理委员会等作为决策层的领导机构；总部相关部门、子公司主要负责人共同参与，对公司可持续发展相关战略、目标、规划和重大事项进行审议；领导机构办公室作为组织层牵头负责，横向协调各部门，纵向协调各相关子公司，

推动可持续发展战略实施及目标达成；作为实施层，各部门依据职责分工实施相关关键议题的归口管理，完成从策略到执行再到评估的闭环管理；各相关子公司组织落实有关工作。

2007 年，国投成立了节能减排工作领导小组，制定了“十一五”节能减排总体目标，为“十二五”“十三五”“十四五”时期国投的绿色发展扎稳根基。

“十一五”期间，国投关停小火电机组 27.5 万千瓦；“十二五”期间，国投加大结构调整力度，强化节能减排，先后转让火电装机 701 万千瓦；“十三五”期间，国投持续调整产业结构，先后转让煤炭产能 3418 万吨/年、火电装机 840 万千瓦。

与此同时，国投在业务选择和投资方向上不断向高端化、数字化、绿色化倾斜。从贯彻绿色发展理念到探索绿色发展路径，国投不断调整、优化产业结构布局，大力推进技术升级改造，积极推进金融服务绿色产业，使国投的绿色发展进入快车道。

“十二五”期间，国投清洁能源装机增长 3 倍，占比提升到 58%。投入节能减排技改资金 29 亿元，连续两个任期获“中央企业节能减排优秀企业”。培育完成 4 家国家级绿色矿山试点企业。积极利用清洁发展机制，推进清洁发展机制（CDM）项目开发，支持清洁能源发展，累计注册 CDM 项目 11 个，年核证签发减排量 374 吨，3 个 CDM 项目获得联合国核证签发的减排量 159 万吨。

“十三五”期间，国投新增清洁能源装机 226.75 万千瓦，清洁能源装机占比达到 62.8%，较 2015 年提高 4.8 个百分点，风电和光伏等新能源装机增长 4 倍。2021 年，国内首个百万千瓦级设计采购施工（EPC）水电项目——雅砻江杨房沟水电站首台机组并网发电，每年将节约标煤消耗 230 万吨，减少二氧化碳排放 475 万吨，减少二氧化硫排放约 3.4 万吨。

国投还开展电力企业绿色认证课题研究，成功发行全国首单火电行业循环经济绿色债券。通过先进制造产业投资基金、国家新兴产业创业投资引导基金、国家科技成果转化引导基金等国家级基金扶持清洁能源和环保产业发展，投资了一批节能环保企业。利用亚洲开发银行主权贷款建立绿色融资平台，促进京津冀区域大气污染治理。持续关注碳市场发展，4 家单位参与试点碳市场碳排放权交易，2021 年全国碳市场启动，国投有 7 家企业正式参与了全国碳市场碳排放权交易。

（二）推进责任体系建设，以制度激发绿色发展潜能

沿“绿”走来，国投对绿色发展的理解层层深入，并且在实践中步步推进。围绕绿色发展责任体系建设，构建分工明确、责任清晰、横向到边、纵向到底的责任链条。各级单位“一把手”是绿色发展的第一责任人，重要工作亲自部署，重大问题亲自过问，重要环节亲自协调，重要事项亲自督办。班子其他成员按照“一岗双责”要求，严格履行绿色发展职责。各相关部门分工协作、共同发力，切实履行好绿色发展职责；调动广大员工共同参与绿色发展，汇聚起绿色发展的强大合力。

国投积极发挥考核“指挥棒”作用，不断健全符合绿色发展要求的考核目标体系、考核办法、责任追究和激励机制。切实强化督查问责，坚持实施严格的监督检查和考核问责，对工作不力、履职缺位的真追责、敢追责、严追责。

国投积极推进绿色制造体系建设，推动相关企业将绿色理念贯穿于产品设计、制造、包装、运输、使用、报废处理全过程，组织申报国家绿色工厂、绿色供应链、绿色产品和绿色设计，促进工业项目绿色低碳发展。

国投生物能源（铁岭）有限公司荣获国家级“绿色工厂”称号

2020年10月29日，工业和信息化部正式公布第五批绿色制造企业名单，国投生物能源（铁岭）有限公司榜上有名，荣获国家级“绿色工厂”荣誉称号，成为燃料乙醇行业首家获得该项荣誉的企业。

“绿色工厂”建设是引领工业绿色发展、打造绿色制造先进典型、加快构建绿色制造体系的重要组成部分。为贯彻落实“中国制造2025”，工业和信息化部2016年启动绿色制造体系建设，提出到2020年建成百家绿色园区、千家绿色工厂，开发万种绿色产品，创建绿色供应链的目标。其中，“绿色工厂”评定体系依托于绿色制造高标准，对工厂的基础设施、管理体系、能源与资源投入、产品、环境排放及绩效等方面进行全方位审核。

国投生物能源（铁岭）有限公司自建设期开始，严格按照国家环保要求，以“原料无害化、生产洁净化、废物资源化、能源低碳化”为目标，坚守环保底线，将绿色发展理念贯穿于日常生产经营管理中，优先采用高效节能的先进技术、工艺和设备，积极推进节能、高效、环保、清洁及再利用的多项技改工程，推动水体、气体、固体污染物资源化和无害化利用，降低厂界环境噪声、振动及污染物排放，营造了良好的作业环境和绿色发展氛围，促进了企业社会效益、环境效益与经济效益协调发展。

三、把握时代机遇：多方位、多手段助力碳达峰

国务院印发的《2030年前碳达峰行动方案》明确提出，发挥科技创新的支撑引领作用，完善科技创新体制机制，强化创新能力，加快绿色低碳科技革命。全面推进风电、太阳能发电大规模开发和高质量发展，坚持集中式与分布式并举，加快建设风电和光伏发电基地。因地制宜发展生物质发电、生物质能清洁供暖和生物天然气。大力发展绿色贷

款、绿色股权、绿色债券、绿色保险、绿色基金等金融工具。

国投贯彻科技创新主导绿色发展的理念，在新能源领域扎根多年，累积了丰富的投资经验。同时，国投对绿色金融的探索也颇有成效。

（一）以科技创新的力量，降低绿色溢价

比尔·盖茨在《气候经济与人类未来》中提到绿色溢价（Green Premium）概念，书中将绿色溢价定义为“产生碳排放的产品与不产生碳排放的替代品之间的成本差异”。目前使用清洁能源的成本高于化石能源，所以绿色溢价为正。国投认为，国有资本投资公司要发挥好资本的力量，助力实现碳达峰、碳中和目标。要充分发挥国有资本对绿色低碳技术产学研用的推动、纽带和融合作用，以科技创新的方式降低清洁能源的使用成本，降低绿色溢价。

国投注重发挥科技创新平台作用，建立新业务开发机制，结合公司未来主导产业和技术主攻方向，加强内外部科技资源的整合和科研基础条件平台建设，促进研发体系建设，形成适合国投未来发展需要的开放式技术创新体系，积极促进集成创新、消化吸收创新，突破关键核心技术，向新兴产业转型升级。国投加强新能源技术研发，增加对新能源产业发展的投资，已进入新能源、高科技和绿色金融等业务。

国投已着手布局综合智慧能源项目。借鉴国内先进企业投资布局经验，基于“电源+”“服务+”等形态，采用“合作+并购”的模式，结合自身的地理布局，选择投资少、技术成熟的园区综合能源、智慧大楼进行布局尝试。

此外，国投积极探索碳汇、CCUS（碳捕获、利用与封存）等负碳领域。关注并探索土地复垦、植被修复等业务，实施复合型光伏及风电业务模式，在生态复垦区、现有厂区周边区域等地植树造林，积极支持参与各地造林活动。探索开发林业碳汇项目，提前储备碳汇量来中和公司无法避免的部分碳排放量。

值得一提的是，国投旗下亚普股份的汽车研发团队，在齐全的实验设施与高水平研发人员的加持下，已具备与整车厂协同创新和全球同步设计的研发能力。亚普股份研发的混合动力汽车高压燃油系统打破了国外的技术垄断，稳固了中国企业在全球混合动力汽车燃油系统的龙头地位。在氢燃料的应用上，2021 年 11 月，搭载了亚普股份自主研发的侧挂式氢系统的氢燃料电池物流车在“成渝氢走廊”发车仪式上正式亮相。这款系统搭载了 2 只可储存 12.5kg 氢气的储氢瓶。随着亚普股份的深入研究，该款氢燃料系统的装车范围将扩大至重型卡车、工程车、物流车等车型，从而为降低长途货运领域的高绿色溢价做出贡献。

（二）多能互补的清洁能源布局，拥抱能源革命

国投坚持风光水互补的清洁能源布局。截至 2021 年年底，国投电力装机中清洁能源比重达 67.20%，火电机组中百万机组占比达 67.53%，电力装机结构优势明显，位于中央企业先进行列。2020 年，国投持续加大优化国内外风电产业布局，在国内成功收购德昌风电开发有限公司，先后实现景峡 5B（100MW）、广西浦北二期（100MW）、宁夏中宁恩和（50MW）、青海共和（50MW）、天津宁河（50MW）建设项目的顺利投产与并网，加大对风力发电创新技术企业投资。光伏方面，目前国投已经连续成功收购云南南庄、新疆托克逊、浙江湖州、江苏响水、陕西定边、陕西靖边的大型集中式光伏电站项目，实现西南、西北、华东、华北区域全方位开发的良好局面。

国投也在积极布局海外清洁能源的市场。其中，并购英国海上风电是迄今为止国投最大的单笔海外直接投资。该项目为国投积累了宝贵的海外投资和投后管理经验，培养和锻炼了一支作风过硬的海外投资和投后管理团队，收获了一个英国乃至欧洲的发展平台（红石能源），并利用参股的比特瑞斯项目的建设和全资的英奇角项目的开发直接参与欧洲发达能源市场的竞争。同时，通过逐步学习、消化英国在海上风电领域全产业链范围先进的技术、开发、融资、建设、运营及管理经验，国投为进一步开拓国内外海上风电市场做好了充足准备。在并购过程中，国

投还扩大了在国际新能源市场的影响力，初步打造了“国投电力”的国际品牌。

2020 年，国投电力更进一步，通过红石能源团队顺利完成对瑞典已投产陆上风电项目——奥特瑞恩项目的股权收购。该项目位于瑞典中部，装有 56 台 4.3 兆瓦的风电机组，总装机容量 240.8 兆瓦，是目前为止国内企业在海外投资项目中采用的单机容量最大的陆上风机，由此，国投进一步扩大了在欧洲可再生能源发电领域的战略布局。

生物质能源是实现零碳能源系统中必不可少的一环。国投对生物质能源的重视加速了该领域的发展，2010 年，国投正式开始了生物乙醇项目的投资。

燃料乙醇是以生物物质为原料、通过生物发酵等途径获得的可作为燃料用的乙醇，经变性后与汽油按一定比例混合可制成车用乙醇汽油。燃料乙醇是利用自然界中植物的光合作用转换而来的能量，是一种取之不尽、用之不竭的可再生能源。与普通汽油相比，乙醇汽油可大大减少二氧化碳的排放。

“十三五”期间，在国投引进生物能源领域，中国工程院院士岳国君作为集团首席科学家，组建成立了国投生物，并担任董事长。在岳国君院士的带领下，国投生物加速在燃料乙醇行业的产业布局，成为国内生物燃料乙醇生产的领军企业。

2020 年，国投生物已成为国内燃料乙醇产能第一的公司。其中，于 2017 年 7 月开工建设的辽宁铁岭 30 万吨燃料乙醇项目为国投成为国内生物燃料乙醇产业的领军企业奠定了坚实的基础；2018 年 9 月，国投生物与亚州最大的食用酒精生产基地和重要的燃料乙醇生产基地——吉林省酒精集团成功实施战略重组，成立国投生物吉林有限公司，实现酒精领域与生物工程领域的有机结合；2018 年 10 月，国投生物海伦市年产 30 万吨燃料乙醇项目、年产 5 万吨纤维素燃料乙醇项目在黑龙江省海伦市轻工产业园举行现场推进会，标志着国投生物进入新的发展阶段；截至目前，国投已经投资建成国内首套、世界领先的纤维素乙醇示范工厂，实现纤维素原料发酵菌种的自主研发。

（三）开启探索绿色金融的新篇章

2017 年和 2021 年，中国投融资担保股份有限公司（以下简称中投保）与亚洲开发银行合作，先后实施“京津冀区域大气污染防治中投保投融资促进项目（简称亚行项目一期）”及“京津冀协同发展大气污染防治中投保投融资促进二期项目（简称亚行项目二期，与亚行项目一期统称为亚行项目）”。亚行项目由中投保作为执行机构，利用亚州开发银行主权贷款，通过金融机构转贷形式，对资金进行专项运营和管理，综合利用担保增信、委托贷款及股权投资等多种金融工具，打造可持续发展的绿色金融平台，为京津冀及部分长三角地区的大气污染防治子项目提供金融服务。

2019 年，国投首次在国际金融市场成功发行 5 亿美元绿债；2021 年，国投发行首单雅砻江水电 10 亿元碳中和绿色公司债券。2017 年和 2021 年，国投与亚洲开发银行合作发起实施了两期共计 5. 85 亿欧元的“京津冀区域大气污染防治中投保投融资促进项目”，持续加大对储能利用、制冷能效提升等绿色低碳项目的投资开发力度，助推京津冀、长三角地区大气污染治理和温室气体减排，项目入选 2019 年联合国气候行动峰会“基于自然的解决方案”领域优良实践案例，荣获国际金融论坛“2020 全球绿色金融创新奖”。

截至 2021 年年底，国投已有 2 家企业（国投铁岭能源、亚普汽车开封分厂）获评国家绿色工厂、1 家企业（合肥波林股份）获评绿色设计示范企业。

国投的绿色金融业务为谋求绿色转型的行业与地区提供了长期稳定的融资支持，也标志着国投对绿色金融的探索踏出了成功的第一步。

第六章

责任投资理念下的生物多样性投资

根据联合国环境规划署的测算，全球目前有100万种动植物物种正面临灭绝危险，保护生物多样性已成为全球共识。1992年6月1日，联合国环境规划署发起的政府间谈判委员会第七次会议通过了《生物多样性公约》，旨在保护濒临灭绝的植物和动物，最大限度地保护地球上多种多样的生物资源，以造福当代和后代子孙。《生物多样性公约》缔约方大会是由所有《生物多样性公约》批准国（或缔约国）组成的最高权力机构。缔约方大会每两年举行一次会议，审查《生物多样性公约》实施情况，确定优先事项并落实工作计划。

2021年10月11日，联合国《生物多样性公约》第十五次缔约方大会在昆明顺利召开，并于10月13日通过了《昆明宣言》。作为此次大会的主要成果，《昆明宣言》承诺确保制定、通过和实施一个有效的“2020年后全球生物多样性框架”，以扭转全球生物多样性加速丧失的趋势，并确保最迟在2030年使生物多样性走上恢复之路，进而全面实现“人与自然和谐共生”的2050年愿景。

生物多样性已进入投资者的视野，2021年6月4日，自然相关财务披露任务小组（TNFD）正式成立，旨在帮助金融机构及企业评估其对自然生态影响，并推动金融机构及企业把资金用于支持而非破坏生物多样性的活动。围绕生物多样性展开的投资组合日益成为主要发展趋势。

一、保护生物多样性刻不容缓

党的二十大报告指出，要提升生态系统多样性、稳定性、持续性，加快实施重要生态系统保护和修复重大工程，实施生物多样性保护重大工程，推行草原森林河流湖泊湿地休养生息，实施好长江十年禁渔，健全耕地休耕轮作制度，防治外来物种侵害。生物多样性作为生态环境的重要组成部分，是可持续发展的基础、目标和手段，积极推动生物多样性保护，从中寻找发展机遇，实现生态和经济的双赢。

（一）生物多样性与经济发展密切相关

生态系统、物种和基因之间的微妙平衡和相互作用对社会和现代经济的运行至关重要。据生态系统和生物多样性经济学（TEEB）的研究，大自然每年为人类提供价值超过150万亿美元的生态系统服务，几乎等同于全球GDP的两倍。2022年1月，世界经济论坛《新自然经济系列报告——中国迈向自然受益型经济的机遇》显示，中国GDP总量的63.9%——约9万亿美元的经济产出因为自然损失而面临风险。许多行业的发展依赖于生物多样性，其经济价值的产出也来自于大自然的馈赠。正因如此，投资者认为，生物多样性与长期经济价值的创造息息相关。

生物多样性丧失也会为企业经营带来风险，从而影响投资者的投资回报。生态系统的衰退会扰乱许多重要的供应链，导致这些依赖于自然的企业出现运营困难和成本增加等问题。生态系统功能衰退也会导致重大灾害增多，造成的经济损失将不仅限于影响依赖自然进行生产的行业。此外，随着全球对可持续发展的日益重视，与生物多样性相关的政策法规对企业的要求愈发严格，并可能在未来造成巨大的额外成本。

（二）中国持续加大生物多样性保护领域的投入

生物多样性和生态系统的保护能否成功，取决于多种因素，资金资源是最重要的因素之一。相关报告显示，全球在生物多样性保护方面每年所需投资约为1300亿~4400亿美元。资金短缺被认为是未能实现《生物多样性公约》规定的2010—2020年生物多样性目标的根本原因之一。

近年来，我国持续加大生物多样性保护领域的资金投入，为加强生物多样性保护提供重要保障。2020 年 7 月 15 日，由财政部、生态环境部、上海市共同发起设立国家绿色发展基金，首期募资规模 885 亿元，重点投资生态修复、国土空间绿化等工作。2021 年 10 月，国家主席习近平在《生物多样性公约》第十五次缔约方大会领导人峰会上的主旨讲话中宣布，中国将率先出资 15 亿元人民币，设立昆明生物多样性基金，支持发展中国家生物多样性保护事业。

二、将保护生物多样性纳入投资全流程

在 ESG 投资框架下，国投主要从三个方面关注企业在生物多样性方面的表现，即评价、披露与实践。评价方面，国投在投资决策过程中会评估投资项目对生物多样性的影响，识别正面、负面影响及影响程度，进行定量评估，并在必要情况下邀请第三方进行评估。披露方面，国投按照监管部门和资本市场的监管要求，将投资项目对生物多样性的影响纳入信息披露范围。实践方面，国投在投资管理中积极发挥投资人的影响力，将对环境和生物多样性的保护落到实处。

（一）投资审查与生物多样性保护

造纸、化工、采矿、石油开采、盲目的农业扩张和基础设施开发，都会对生物多样性造成影响与冲击。例如，由于棕榈油在清洁类产品中的广泛应用，棕榈树被大量砍伐，亚太地区和南美洲地区的热带雨林被严重消耗；由于世界市场对大豆等作物的庞大需求，许多发展中国家不惜毁林造田，以创造短期的经济价值；为实现农产品的常量增益，滥用除草剂，造成水土污染与生物多样性锐减等。为了短期利益而损害长久价值，既不符合科学发展观，也不符合负责任投资理念。

早在 2009 年，国投就开始在投资决策中强调，投资项目选择时的重要原则之一就是坚持绿色投资、责任投资，如果项目方向不符合绿色

发展，公司战略发展部有权否决。

国投的目标是把更多的金融资源转移到对保护生物多样性有利的项目中。在过往的投资决策当中，国投基于对国家战略和环境保护的考量，毅然从煤炭、港口等产业中退出；在进行化工、农产品及能源相关的项目投资时，审慎核查与保护生物多样性相关的影响因素，并将其纳入投资评价的范畴当中。

国投电力英奇角海上风电项目重视保护生物多样性

2022 年 7 月，英奇角海上风电项目成功中标英国第四轮差价合约（CFD），成为中国企业在欧洲首个且唯一一个 100% 控股、完全自主开发、参与英国市场竞价的海上风电项目。至此，国投电力也成为中国第一家在境外大型海上风电业务上同时具备自主开发和投资并购能力的企业，也是首个投资境外百万千万级以上海上风电项目的中资企业。在全球碳中和加速推进下，国投电力正处于全球能源大变革之中。

谈到境外投资开发的挑战，国投电力境外工作人员陈晓萌感触颇深。其中，在英奇角海上风电项目开发过程中，英国皇家鸟类保护协会（RSPB）的投诉令他印象深刻。

在英国申请开发海上风电项目，《环境影响报告》是最关键的文件之一。项目开发过程中，英奇角海上风电项目的《环境影响报告》多达 6000 多页，由几百名专业人员参与编写，涉及项目对自然鱼类贝类、海洋哺乳动物、鸟类、渔业、噪声、景观、航运、航空、社会经济等方面的影响评估。可即便如此，英奇角海上风电项目和周边的项目一道遭遇了一番“磨难”——英国皇家鸟类保护协会（RSPB）上诉苏格兰政府，认为英奇角海上风电项目影响当地海鸟生存环境。

“在境外投资开发项目，我们深知环境保护的重要性，我们也有义务确保我们的海上风电项目对英国海鸟数量不会产生影响。”陈晓萌说，“项目组为政府应诉提供了各类数据和证明，帮助政府证明海上项目开发的合理性、合规性。最终，苏格兰政府胜诉了，但我们还是遗憾地错过了第二轮差价合约竞标时间。”

英奇角海上风电项目开发的“小插曲”只是国投电力境外项目投资开发运营中面临众多挑战的一个缩影。伴随着国投电力更加深入地融入全球能源转型大潮，境外投资运营中越来越多的问题与挑战亟待国投电力应对。

（二）投后管理与生物多样性保护

能源项目是国投的重点投资板块之一。大型能源项目普遍有着占地面积大、工期长、成本高、位置偏远的特点，其建设规划势必会改变原有的自然栖地属性，对当地生物物种的生存产生显著影响。为最大限度减小这种影响，国投将生物多样性保护的理念融入投资管理全流程，从前期的规划设计，到施工管理，再到建成后的运营维护，在每一个环节都确保各项措施落到实处。

国投电力构建雅砻江流域和谐生态系统

国投电力秉承“流域统筹，和谐发展”的环保理念，精心呵护雅砻江流域的生态环境，使流域开发与自然保护相生共存。

1. 二滩水电站项目重建被破坏的森林系统

二滩水电站坐落在雅砻江下游，江水经水电站顺流而下，33 千米后在攀枝花市汇入金沙江。早在二滩水电站建设规划期间，二滩公司就与环保志愿者者一起对雅砻江流域进行了生态环境综合考察，对雅砻江流域总体生态环境有了全面了解和深入认识。此前，雅砻江中游的森林长期遭受过度采伐，生态环境不容乐观。二滩公司秉承环境友好的理念，投入大量资金营造库区防护林带，绿化大坝周边生产区域，同时投入大量人力直接负责库区防护林带的维护管理。自2001年1月1日起，按照0.1元/千瓦时从售电收入中提取水库维护基金，并将其中的20%用于二滩库区及流域环境保护。

在工程建设期间，世界银行每年派出环保移民检查团对电站环境保护工作进行监督、检查和指导。2001年的调查结果显示，部分森林植被有所改善，库岸防护区的森林植被正在恢复，近坝区的次生林生长状态较好，库周生物多样性指标没有下降。调查工作广泛访问当地群众，通过深入研究当地生活状况与森林保护的关系，鼓励部分地区的居民依据自然条件开展生态旅游，居民从良好的生态环境中获得收益，经济收入的增加又会促使他们进一步保护森林和植被。

2. 锦屏水电站改善流域内动植物的生活环境

锦屏水电站分为两段，即锦屏一级水电站和锦屏二级水电站。锦屏一级水电站位于雅砻江干流下游的卡拉至江口河段，锦屏二级水电站位于凉山州木里、盐源、冕宁三县交界处，是雅砻江上最大的水电站。锦屏水电站在建设过程中，为了使下游鱼类适应水温，建设了112米具有生态环保分层取水功能的独立岸塔式电站进水口，分七层进行生态取水发电后泄放至下游河段。

锦屏还建设了中国投资最大、放流规模最大、工艺水平与工业化程度领先的雅砻江二滩官地水电站鱼类增殖放流站，以裂腹鱼为主，年增值放流规模达到200万尾。自2011年以来，国投在雅砻江流域相继建成4座鱼类增殖放流站，流域累计增殖放流多种长江上游特有鱼类超过1100万尾。在凉山州水生生物保护工作评选中，雅砻江中游鱼类增殖放流站荣获凉山州“2020年度水生生物保护工作先进集体”称号。

锦屏一级水电站蓄水后，周边生态环境得到极大改善，鸟类的种类逐渐增加，从2013年到现在，相机记录下的鸟类已从30余种增至100余种。此外，国投在锦屏还采取了水电工程弃渣场变绿、下放生态流量保护锦屏大河湾沿岸生态等多项措施，在环境保护与生物多样性保护方面不遗余力。

三、国投在发展中布局生物多样性投资

国投深入贯彻落实生态文明思想，认真践行“绿水青山就是金山银山”理念，紧紧围绕高质量发展这一主题，将绿色发展作为重要的发展战略，以保护生物多样性为切入点，从野生动物、自然环境及粮食安全等方面积极探索生态保护和企业发展协同共进的新道路。

（一）布局水环境治理，恢复水生物种多样性

水生态系统关系到地方、区域乃至全国用水的供应和质量问题。生物多样性及其所提供的多重生态服务对于实现保障用水至关重要。生态基础设施退化通常是自然灾害的首要原因，与水有关的风险占所有自然风险的90%。

国投十分重视水环境治理保护，积极布局生态环保产业，相信水环境治理保护在可持续发展背景下具有巨大的发展潜力。水处理行业面临着前期投入大、回报周期长等问题，参与企业以中小企业为主，存在资金短缺问题，融资需求大，这一背景为国投进入环保领域提供了机会。

绿水青山就是金山银山的绿色发展理念深入人心，生态环保产业成为我国经济高质量发展的重要内涵。国投党组也明确将生态环保产业列为前瞻性、战略性产业的重点发展方向，加大了投资布局力度。2018年12月，国投成功并购中国水环境集团，成为中国水环境集团第一大股东，这是国投在生态环保领域投资的重大突破。中国水环境集团作为我国水环境治理行业的领军企业，拥有成熟的技术体系、先进的管理经

验和强劲的市场竞争力。国投把中国水环境集团作为发展水务和水环境业务的主平台，充分发挥公司的资本、资源优势和中国水环境集团的技术、管理优势，打造世界一流的水环境治理民族品牌。

在投资并购完成后，中国水环境集团先后完成了贵阳南明河流域治理项目、大理洱海水环境治理项目、京津冀北运河流域治理项目、上海市南翔下沉式再生水厂项目、白洋淀水体生态修复和生态景观建设等一大批标志性示范项目。

中国水环境守护绿水青山，不让一滴污水流入洱海

洱海是全国第七大、云南第二大淡水湖，是白族人民的“母亲湖”，涉及16个乡镇83万人口，是洱海周边人民群众生活、生产用水的最大来源，也是苍山洱海国家级自然保护区的核心。20世纪80年代，洱海水质较好，但随着人口聚集和生产生活方式改变，洱海水质逐渐富营养化，污染严重，20世纪90年代到21世纪初还发生了几次大规模的蓝藻爆发。2015年1月，习近平总书记在视察大理时嘱托，一定要把洱海保护好，过几年再来，希望水更干净清澈。由此，洱海开启了一场保护与治理的攻坚战。

2016年，政府通过PPP模式（政府和社会资本合作）引入国投集团中国水环境作为洱海环湖截污（一期）项目社会资本方，按照“依山就势、有缝闭合、管渠结合，分片收处、集中处理、一次规划、分步实施”的原则，环洱海新建六座下沉式再生水厂，铺设230多千米环湖截污干管，形成了一条截断洱海周边生活污水并净化再利用的大动脉。一改全世界城镇污水百年来被当作污染物进行收集处理排放的传统模式，将污水作为城镇稳定的水资源，进行科学收集和资源化利用。

2018年4月，六座下沉式再生水厂全部投入试运营，项目节约地面空间约160亩，对周边环境影响范围减少约1400亩，每年可减少从洱海抽清排污2000万吨。

2020年、2021年洱海全湖水质实现7个月II类、5个月III类，全湖水质为优，洱海水体透明度达到近10年最好水平。在洱海生态廊道湿地内，已记录到白骨顶鸡、紫水鸡等8种国家II类保护水禽，成群的水鸟追逐嬉戏。随着优化植被、投放鱼类等生物措施的推行，洱海水质持续稳定改善，海菜花、苦草等洱海原有的水生植物面积逐渐增加，水生植被从2018年的26平方千米增加到目前的33平方千米。洱海每年都坚持实施洱海水生生物资源增殖放流，同时开展洱海鱼类生态调控，为恢复土著鱼类创造条件，逐步构建起健康的湖泊生态系统。目前，洱海保护已由抢救性治理转为保护性治理，“洱海模式”作为典型样板在全国推广。

图6－1　湾桥下沉式再生水厂洱海流域和海面“水质试金石”海菜花相继绽放

（二）布局森林可持续经营，保护林地生态系统多样性

森林资源是生态系统中不可或缺的重要构成组分，推动森林保护、恢复与可持续经营是国投在可持续发展与生物多样性投资中的重要实

践。国投通过投资碳汇林、商品林、经济林、科技林和林下经济等多目标经营的现代林业，在帮助传统林业资源企业转型的同时，实现保护森林生态和生物多样性的目的，把握和创造了多个保护与利用相统一的商业机会。

国投创益投资江西丰林林产有限公司，推动林业可持续发展

2017 年，国投创益投资江西丰林林产有限公司（以下简称江西丰林），江西丰林主要从事湿地松材脂两用原料林培育、松脂采集、松香和松节油深加工系列产品生产及林业碳汇开发业务，公司原料林基地及原料收购大部分集中在原中央苏区赣南及吉安地区。国投助力江西丰林在不损害森林规模和生物多样性的条件下，做大产业规模，提高市场占有率，并通过产业链带动赣南苏区林农就业，增加赣南苏区林农土地租金收入。江西丰林项目从营林生产、采伐、运输、采脂到加工，带来的直接劳务收入达 2000 万元，通过收购农户松脂原料，每年支付农户费用 2.5 亿元以上，有效帮助赣南苏区林农脱贫致富，为赣南苏区经济发展作出积极贡献。

江西丰林在林业碳汇领域先行先试，以碳汇为载体，尝试自然资源资产价值化，推动林业产业可持续发展，于 2013 年率先启动 22.85 万亩自有林权人工林的碳汇造林项目申报工作。2016 年，江西丰林碳汇造林项目成功获得国家发展改革委减排量核证签发，成为国内首个兼具规模性和商业性的林业碳汇项目。获批项目计入期为 2009 年 1 月 1 日—2028 年 12 月 31 日（含首尾两年，共计 20 年），计入期内的总预计减排量为 485 万吨二氧化碳当量，并已完成现货签发并销售 63.5 万吨，回流现金近 900 万元。

江西丰林依托在林业碳汇领域总结的丰富经验，计划在2030年前参与“一带一路”、南南合作农林业开发，达到年产林业碳汇CCER（国家核证自愿减排量）及VCS（核证碳标准）产品1000万吨以上，按林农人均100亩计算，预计可带动农户200万人。

（三）布局粮食安全工程，提升农作物基因多样性

中国对大豆的年需求量约1.1亿吨，其中80%以上依赖进口，对牛肉和奶制品的需求也在增长；中国耕地退化严重，中低产耕地大约占耕地总面积的2/3，有14.5%的耕地严重酸化；同时，中国农作物的多样性已急剧下降。粮食安全是“国之大者”，十几亿人口要吃饭，这是我国最大的国情。

种源安全关系到国家安全，必须下决心把中国种业搞上去，实现种业科技自立自强、种源自主可控。种子是农业的芯片，种质资源是实现粮食安全、乡村振兴的重要战略资源，要加强农业种质资源保护开发利用。

为了攥紧中国种子，端稳中国饭碗，响应国家加快生物育种产业化步伐，切实保障国家粮食安全的要求，国投积极布局农业与生物工程领域，以基金投资方式投资了一批生物工程领域的优质公司，如国投创益投资的崖州湾种子实验室、隆平生物、慕恩生物、瑞丰生物等。国投还充分发挥资本纽带作用，利用在农业投资领域的积累，为投资企业开拓上下游资源，努力营造生物育种行业发展的良好生态，包括定期组织生物育种行业论坛、峰会等形式，推动行业内核心科学家的内部交流。

国投创益全面赋能投资企业，营造生物育种行业发展的良好生态

一粒种子，关系着国家粮食安全主动权。我国受生物育种技术及产业化发展水平低等影响，在全球局势变化、新冠肺炎疫情、草地贪夜蛾等虫害及俄乌战争综合大背景下，粮食安全问题空前突显。

农业因为周期长、见效慢、风险高，资本长期以来不愿进入。国投创益则将投资目光投向了农业产业上游的农业科技和下游的消费品，种业作为农业科技领域最核心的部分，引起了国投创益的高度关注。国投创益充分发挥资本的纽带作用，已经完成对隆平生物、瑞丰生物、大北农生物等生物育种核心企业的投资布局。

重视投后全面赋能。在投资隆平生物以后，国投创益围绕公司治理、运营管理、团队建设、资源对接、政策协调、资本运作等方面，对隆平生物进行全面赋能。尤其是推行员工股权激励制度，激发了员工干事创业的热情和对行业高端人才的吸引力。国投创益推动投资企业获取中国农业农村部发放的粮食安全领域安全证书，该证书作为生物育种领域最重要的国家许可证，既是投资企业生物育种企业技术实力的体现，又有助于为国家粮食安全做出更大贡献。

打造产业发展良好生态。国投创益利用在农业投资领域的积累，整合更多的力量，为投资企业开拓上下游资源，努力营造生物育种行业发展的良好生态。通过定期组织生物育种行业论坛、峰会等形式，推动行业内核心科学家的内部交流，以及更深入的合作共赢。

（四）布局生态扶贫，实现生态保护和脱贫增收双赢

良好的生态环境是农村最大的优势和财富，若充分发挥本地生物多样性的特点，科学有效地利用生态资源并将其转化为经济价值，可以实现生态环境保护和脱贫攻坚成果的双赢。

生态振兴目标是生态宜居，实现乡村生态环境全面改善，生态产业

投资在其中发挥着重要作用。推动农村生态文明建设和绿色高质量发展，要提升自然生态系统的保护及修复能力，改善乡村生态环境，增强可持续发展能力，因地制宜地用好自然生态资源禀赋，大力发展绿色富民产业，拓宽农户收入来源。

为使脱贫攻坚成果更加稳固，促进农业高质高效、乡村宜居宜业、农民生活富裕，国投以投资生态基础设施、科学耕种畜牧产业、生态旅游等项目为手段，将清洁能源引入乡村，减少对原生树木的砍伐，不断推广保护环境和保护生物多样性的观念，为助力乡村振兴打下坚实基础。

国投创益投资亿利生态，高海拔藏区建起“科技林”

西藏地区海拔高，生态环境脆弱，成为制约西藏发展的问题之一。西藏那曲市地处青藏高原腹地，是怒江、拉萨河、易贡河等江河的发源地，生态地位重要而特殊，但当地平均海拔超过4500米，氧气含量低，气候干燥。冬季气温最低可达零下40℃，每年有近半年的大风季。恶劣的环境使当地形成了以高寒荒漠草原为主的植被类型，生态环境较为脆弱。“不长树木只长草”曾是那曲环境的生动写照。

作为中央企业服务国家战略的重要载体和特色品牌，国投创益高度重视西藏产业发展和生态保护问题，积极响应号召，通过投资亿利生态，在西藏开展生态修复工作。亿利生态在不懈努力下，用智慧和勇气挑战高原植树的难题，打破了那曲树木不成活的“魔咒”，曾经“没有一棵树”的那曲市，如今有了一片“科技林”。

2016年，在科技部和西藏自治区政府的支持下，亿利生态派出曾成功治理库布其沙漠的“生态先锋队”，联合科研院所共同开启了那曲高寒高海拔科技植树攻关项目。2017年冬季，为尽快完成乡土树种调研工作、制定科学种植方案，“生态先锋队”在不到4天的时间里辗转比如、嘉黎、索县等周边地区考察，路程近2000千米。经过大范围筛选和比对种质资源，亿利生态从青藏高原和库布其沙漠挑选了50多种乔灌木，培育了青海云杉、高山柳、金露梅等8种在那曲越冬保活率较高的树木品种。

同时，亿利生态在常规种植方法中融合智能化技术。在开顶式增温温室技术、蓝钛膜土壤增温技术、防紫外线雾化喷淋技术等先进科技的助力下，通过有效改善土壤结构，增强植物抗寒、抗风能力，降低紫外线侵扰，克服高海拔、强风力、贫土壤、低地温、大温差等一系列难题，这些树木品种终于在“生态先锋队”的悉心呵护下得到提升。到目前，8种树木成功越过5个严冬的考验，平均保活率达75%，基地苗木保有量约30万株，一片科技小树林奇迹般地出现在藏北高原上。这一科技成果已在那曲的一些单位和地方得到了推广，那曲市科技局、镜湖公园、儿童福利院、养老院等先后开展了城镇庭院、道路和公园绿地绿化工作，让高寒高海拔地区的老百姓过上生态宜居的幸福生活。

第七章

责任投资赋能包容性增长

近年来，“包容性增长”成为全球范围内的热门话题之一，其概念和内涵处在不断发展完善的过程中。世界银行认为，包容性增长是一种能够使贫困人口大量减少，并能够使最大数量的社会劳动力参与到经济活动中来的增长方式；国际包容性增长政策研究中心认为，参与度是包容性有效增长的重点，如所有人民都能够参与到经济活动中，并具有一定话语权，还能够分享经济增长带来的好处；亚洲开发银行认为，公平对待“边缘群体”是实现包容性增长的内在要求，保障这部分群体的经济参与权和收益权；二十国集团（G20）达成共识，认为促进机会均等和收入均等是包容性增长的应有之义。虽然这些机构对包容性增长的认识略有差异，但对包容性增长也达成了一些共识：包容性增长不仅强调结果，也强调过程和路径，一方面要关注经济增长和发展的成效，另一方面也要关注这些增长和发展是如何实现的。

国投的投资行为既重视“结果”，也紧抓“过程”，紧紧抓住“包容”和“增长”两个主题，在增长的前提下提升包容性，在提升包容性的同时实现稳定、健康、可持续的增长。

一、践行金融向善，为小微企业提供发展动能

小微企业是国民经济的毛细血管，数量庞大，分布广泛，在就业税收、科技创新、转型升级中发挥着不可替代的重要作用。小微企业又是脆弱的商业体，无论是经济学中的黑天鹅、灰犀牛，还是任何一场小意外，都可能导致小微企业资金周转不畅。

小微企业一直存在融资难、融资贵的问题。由于缺乏信用担保、违约率高，同时普遍存在经营时间较短、财务信息不透明、抗风险能力弱、缺乏有效抵押和担保等因素，小微企业易被银行视为劣质客户群，难以获得银行贷款支持。一方面，银行提供给小微企业的贷款利率会显

著高于大中型企业；另一方面，银行贷款额度有时不能满足小微企业的需求。相当数量的小微企业被迫转向民间借贷，而民间借贷的利率通常比银行贷款高出 2 倍以上。

国投旗下中国投融资担保股份有限公司（以下简称中投保）致力于企业融资便利化和普惠金融供给多样化，以科技提升融资担保价值，化解小微企业的融资难点、痛点。

中投保助力化解小微企业融资难点、痛点

中投保是国内一家世界三大担保和信用保险联盟会员单位。公司自成立以来，积极致力于探索符合中国国情的小微企业担保之路。其业务实践可分为以下两个阶段。

（一）第一阶段：与地方公共财政合作

1. 上海业务模式：政府担保基金

从 1996 年开始，上海市财政局与中投保就如何建立社会化的小微企业融资担保体系问题进行了全方位的探索，并联合开展了小微企业贷款担保业务的尝试。在上海市政府和财政局的推动下，成立了中投保上海分公司。该公司以上海市财政出资的担保基金为依托，为上海市小微企业提供贷款担保业务。

中投保上海分公司建立以国家产业政策和中小企业为服务对象、以专业担保公司为运作主体、以商业银行网络为依托，能够有效地分散、控制和化解风险的担保体系，累计担保 480 亿元，累计服务小微企业客户 2 万多家。

2. 北京业务模式：参股和托管经营

公司以股权投资的方式参股了北京两家骨干融资担保公司——北京首创融资担保公司、北京中关村科技担保有限公司，前者独创了“注册资本金+托管资金”的双轨制管理模式，累计支持中小微企业2万多家，担保金额过千亿元；后者为科技型中小微企业提供近900亿元的信用担保，服务客户中有239家企业在国内外资本市场成功上市，2016年小微企业客户数占到公司客户总数的80%以上。

（二）第二阶段：市场化条件下的业务发展

随着中投保引进战略投资人和公司改制的完成，中投保转变为一家混合所有制的公司。经过多年的业务实践，公司探索出了一条在市场化条件下开展可持续小微企业担保之路。

1. 新技术应用：付税宝

中投保联合旗下的金融科技平台“网金社”，共同开发推出“付税宝”产品。该产品以企业连续纳税记录和大数据风控模型为授信基础，基于进口小企业的真实付税需求，在国内首次实现了利用海关关税税单融资。

付税宝操作简洁高效，通过全方位的大数据融合处理展现中小微企业的真实面貌，可妥善解决中小微企业授信评估成本高、风险控制效果差等痛点。产品基于真实融资场景设计，保证了融资需求的真实性和合理性；资金用于定向付税，减少了欺诈风险；全线上操作，减少人工干预，提高了决策效率。

2. 新模式组织：投贷保联动

2015年12月，中投保与北京银行、清华启迪科技园区、再担保机构、基金管理公司共同签署了投贷保联动支持小微企业发展全面战略合作协议。

该模式高度契合国家“大众创业、万众创新”的政策导向。中投保为清华启迪科技园区内的科技企业提供总额3亿元的融资担保授信额度，清华启迪科技园区承担次级分散风险，再担保机构承担一定比例的分保责任，北京银行建立批量贷款绿色快速审批通道，为园区内科技中小微企业提供有针对性的便捷融资服务。同时，还设立风险投资基金，对具备跨越式增长潜力的企业进行股权投资。新模式将担保与风险投资相结合，成功实现科技型小微企业从间接融资到资本市场直接融资的无缝衔接。

3. 旧模式再造：经营性不动产抵押贷款担保

商业银行的传统不动产抵押贷款业务具备多种弊端，直接制约了对小微企业支持的力度和规模增长速度：一是银行每笔授信都需要考察贷款人的主体资质评级、贷款用途合理性、还款来源确定性及抵押物价值等；二是小微企业出现不良贷款的概率较高，给银行在不良贷款率、拨备覆盖率考核等方面带来很大的压力。

针对上述痛点，中投保联合旗下的信裕资产管理公司（以下简称信裕资管）推出了小微企业经营性不动产抵押贷款担保产品，由中投保向银行提供担保，同时由信裕资管联合专业不良资产处置机构组建不良资产处置基金，收购逾期不良贷款，回收资金，减少中投保公司和债务人损失。

该模式是利用市场化机制解决小微企业融资担保难题的有益尝试，有效保证了参与各方的利益，提高了银行对小微企业贷款的积极性，大幅降低了小微企业融资的难度和成本。

4. 线上金融业务平台：中投保 e 金融

2020 年，中投保线上金融业务平台开通，中投保 e 金融致力于成为小微企业的在线融资顾问；该平台主要提供电子保函、电子票据、普惠金融、绿色金融等科技金融服务。通过大数据、云计算、人工智能等前沿科技赋能金融产业，服务普惠金融，为小微企业客户提供多元化、全方位的金融服务。

其中，信易佳电子保函平台以电子保函替代现金保证金，实现保函从申请到出具全流程电子化，以降低企业投标成本、提高工作效率。目前信易佳平台已与北京、上海、深圳、广州、大连、昆明等50多个地区的公共资源交易中心，以及国投、招商局等多家央企电子采购平台、第三方招采平台完成系统对接并运行良好，得到社会多方高度认可。截至2021年12月6日，中投保信易佳电子保函平台已累计为投标企业节约投标保证金占用突破100亿元，出具电子保函45000多笔，服务客户超过11000家，成为国内担保行业技术领先、业务覆盖面广、业务规模大的全线上化电子保函平台。

二、探索养老产业化，为银发群体美好生活补短板

当前，我国人口老龄化进程明显加快。根据国家统计局数据显示，截至2021年年末，我国60岁及以上人口约2.6亿人，占总人口比例18.9%，其中65岁及以上人口约2亿人；预计2030年，老年人口将达到峰值。

随着人口老龄化不断加剧，以满足老年人需求为主的商品和服务市场必然随之扩大，养老健康产业迎来了发展的新机遇。如何建立具有中国特色、能够满足当代及未来人民养老生活的实际需求，并能解决人口老龄化实际问题的健康产业，是亟须解决的现实问题。

2013年被称为“养老产业元年”。这一年，国务院颁布了《关于加快发展养老服务业的若干意见》，鼓励支持健康养老服务业发展。也是这一年，国投明确要把养老产业作为公司未来重要的业务方向。

国投发展养老产业可用三句话来概括：聚焦失能失智高龄老人养老刚需，按照医养结合标准规划建设养老项目；创造条件发展普惠养老，力求服务更多老人；坚持一流管理和服务，用细节诠释养老服务中的“央企品质”。

2013年，国投在战略发展部设立了社会事业发展中心，专门负责公司养老产业的业务拓展；拿出自有物业，启动了北京、广州养老项目前期工作。2015年，在战略发展部社会事业发展中心基础上组建社会事业投资部；2016年，又在社会事业投资部基础上设立了国投健康产业投资有限公司。从探讨到落地，再到开始公司化运作，国投用了近10年时间探索出一条发展健康养老产业的道路。

国投健康的养老产业布局

作为国投发展健康养老产业的投资运营平台，国投健康成立以来，始终按照国投党组决策部署和工作要求，扎实做好养老项目运营管理，初步探索出国有企业发展健康养老产业的模式。现有布局项目涵盖了自持、租赁、公建民营等物业形式，包括了独资、中外合资、混合所有制等多种所有制方式。

2018年3月，国投健康依托国投自有物业，北京、广州项目投入运营，养老业务迈出了坚实的一步。2019年2月，上海项目投入运营，完成养老业务在北上广的战略布局；2019年7月，常州项目投入运营，该项目是公司在江浙地区布局的第一个机构养老项目，也是公司参与普惠养老专项行动获得中央预算资金支持的第一个项目；2019年年底，贵州项目开业，完成养老业务从东部沿海一线城市向中西部地区的布局。

健康养老产业作为国投前瞻性战略性产业的组成部分，绝不是对养老院的简单复制和推广。国投健康将以养老服务为核心，发展人才培训、医疗服务、设备制造、老年文化产品等健康产业，致力于为国人提供全方位、全周期的健康养老解决方案。国投健康还通过标准化、信息化、智能化，做健康养老服务者的服务者，推动整个健康养老产业快速发展。

1. 瞄准“尖端”

国投进入健康养老领域以来，重点瞄准了健康养老服务最难的“尖端”，从失能、失智、高龄老人等中国社会的刚需入手，解决家庭解决不了、解决不好的养老难题。《第四次中国城乡老年人生活状况抽样调查》显示，2015 年中国失能、半失能老年人高达 4063 万人，约为同期老年人口的 1/5。同时平均 1 名失能、半失能老年人需要 3 名家庭成员照护。全国现有养老床位中应对失能、失智老年人群的床位并不多，专业化的长期照护设施亟须补足。目前，国投健康旗下投入运营的养老项目，82% 的入住老人在 80 岁以上，最高龄的达到 102 岁；75% 的老人需要全护理或半护理。国投养老定位“尖端”，既弥补了市场的缺失和补给短板，又探索了企业良性循环发展的路径。

2. 医养结合

针对失能、失智、高龄老人的护理需求，国投健康的养老项目着力打造医养结合的养老服务体系，按照医养结合标准规划，从基础保障和特色服务两个环节着手医疗配套，为长者提供高品质服务。

同时国投健康引入欧洲、日本养老服务理念和国内外专业养老服务企业运营经验，将中国传统文化与养老服务相结合，编制形成养老照护服务标准化手册；加强风险管理和基础管理，建立包括风险、财务、安全、决策、监督等方面的制度规范；完善医养结合服务，搭建多层级的医疗服务保障体系；关注长者自我价值实现，“大爱”为核心的企业文化贯穿服务始终；以长者家庭为单位，进一步聚焦目标客户群体，提升市场营销的有效性。在运营管理中，国投健康为入住长者提供精细化专业服务、亲情式贴心照护，用细节诠释“央企品质”。

3. 普惠养老

在探索国有企业发展养老产业模式中，国投坚持立足市场、面向大众，为老百姓提供支付得起的养老服务。国投健康积极参与公建民营养老项目建设、城企联动普惠养老专项行动，争取条件为老人提供普惠养老服务。其中上海项目、贵州项目是通过公开投标获得的公建民营养老项目，常州项目是常州市首家列入城企联动普惠养老专项行动的项目。同时，国投健康所有已运营的项目，均在养老机构基础上，向居家养老、社区养老服务延伸，服务周边社区。

回看国投健康的项目布局，是先在北上广这三个中国老年人口最集中的超大城市设立养老机构，引进业内有经验的外资和民营资本，创品牌、创一流，为后面的项目积累经验，摸索出可复制的标准，然后推而广之。2019 年 7 月开业的常州项目，已是国投健康养老项目在理念、标准、管理等方面的复制推广。国投养老模式已然形成，未来将以更快的速度在全国推广，让普惠养老惠及更多老人、更多家庭。

随着我国老龄化程度的不断加深和家庭结构的变化，健康养老服务的需求持续释放。2016 年以来，国投持续加大响应《“健康中国 2030”规划纲要》等政策要求，积极开拓市场，在北京、广东、上海、江苏、贵州等地运营养老项目，为失能、半失能、失智和高龄老人群体提供集护理、养老、医疗、康复、乐寿于一体的高品质养老服务，让老人享有尊严与幸福感并存的高质量晚年生活，帮助众多家庭解决后顾之忧，提高社会稳定性。

2021 年 10 月 14 日，国投与中国石化在京签署培训疗养机构转型养老服务改革合作框架协议。根据协议，双方将在山东青岛、烟台、威海，湖南张家界等地，按照国务院国资委关于培训疗养机构转型发展健康养老服务的相关要求，实施康养服务、人才培训等业态经营，形成具有央企特色的“机构康养”与“社区康养”联动创新模式，打造示范项目，树立央企合作典范。

三、投资乡村振兴，以产业基金引导地方发展

我国现阶段仍然面临低收入群体数量大、农民增收速度较慢、城乡“两极化”等现实问题，实施乡村振兴战略的深度、广度、难度都不亚于脱贫攻坚。一是城乡区域间、产业间的发展不平衡现象十分突出。我国城市和农村单独的基尼系数都小于或等于0.4，但整体上我国基尼系数却和美国等高收入国家相近，2020年我国城乡收入比高达2.56，收入差距主要来自城乡之间。二是我国农民的增收速度仍然较慢。根据世界银行数据，我国农业就业比重为26.5%，而美国农业就业比重只有1.3%，欧盟、日本、韩国等发达国家和经济体的农业就业比重也只有3%左右。农村就业比重偏高带来的问题是人均耕地面积、农业现代化水平整体偏低，农业规模化、农业科技应用难以实现，务农劳动收益偏低。三是我国城乡“两极化”问题仍然突出。我国已经全面消除绝对贫困，但对社会保障支出依赖性仍然较强，仍存在内生动力不足的问题。同时由于地方财政资金等投入力度的差距，不同区域之间，区域内部发达地区村庄与基础薄弱村庄之间的发展差别十分明显。

党的十八大以来，为推进脱贫攻坚战略，经国务院批准，由财政和中央企业出资，先后成立了贫困地区产业发展基金（现更名为“欠发达地区产业发展基金”）和中央企业贫困地区产业投资基金（现更名为“中央企业乡村产业投资基金”），并委托国投下属的民生类基金管理人——国投创益进行管理。近年来，国投创益管理的多支国家级乡村振兴产业基金正在成为服务乡村振兴的重要支撑。国投创益目前管理基金总规模已达到445.25亿元，是国内规模最大的影响力投资机构。

民族要复兴，乡村必振兴。从脱贫攻坚转向全面推进乡村振兴，基金的运作方式和管理评价体系也要做出相应的改变。产业基金服务乡村振兴的模式与财政、捐赠、信贷资金不同，与市场化基金也不完全相

同，需要同时兼顾经济效益和社会效益。在投资行业与项目选择上，应以中央关于全面推进乡村振兴的政策设计为指引，把握“三农”主体地位，突出组合投资原则，推动不同发展阶段与规模的企业发挥各自优势，为乡村振兴贡献力量。

实施乡村振兴的总目标是“产业兴旺、生态宜居、乡风文明、治理有效、生活富裕”。与脱贫攻坚阶段1385万建档立卡贫困人口全部达到“两不愁、三保障”标准、收入达到“及格线”以上相比，实施乡村振兴的目标更宽泛，实施期限也更长，全社会各领域的投入方式也有较大不同。

国投从脱贫攻坚阶段的发展经验出发，在实践中愈发清晰认识到以产业基金引导地方发展，能够有效服务乡村振兴战略。

一是产业基金投资能够“做大蛋糕”。脱贫攻坚期间，国投创益以投资为贫困地区的发展带去了沛雨甘霖。基金投资覆盖了全部14个集中连片特困地区，占总投资的66%，在“三区三州”等深度贫困地区的投资占总投资的31%，引领了大量金融企业和市场资本跟投，有力推动了区域协调发展。

二是产业基金投资能够帮助“切好蛋糕”。脱贫攻坚阶段，国投创益逐步形成了覆盖投资全流程的社会效益闭环管理，约束投资企业将资源更多投入到脱贫攻坚中。脱贫攻坚全面胜利后，国投创益推动社会效益闭环管理向“ESG＋投资管理体系”升级，以ESG评价指标、数据库、影响力报告等定量与定性结合的评价方式，引领更多企业和市场资本投入更多资源到乡村振兴中。

三是产业基金能够实现自我提升、循环发展。以产业基金推动国家重大战略实施，必须以基金的可持续发展为前提。经过不断探索，国投创益充分用好基金存续期15年、可滚动投资的优势，构建了基金扶贫管理模式，目前已运用于多只产业基金的管理中。

国投创益基于ESG理念的产业扶贫投资

产业基金服务乡村振兴没有先例可循，国投创益以《国家乡村振兴战略规划》《中共中央国务院关于实现巩固拓展脱贫攻坚成果同乡村振兴有效衔接的意见》等中央关于乡村振兴的顶层设计为指引，把握农业、农村、农民的主体地位，从加快推进农业现代化、产业促进乡村发展、促进脱贫人口持续增收、促进乡村建设、提升农村公共服务水平等方面，聚焦强化现代农业基础支撑、聚焦富民产业促进乡村发展、扎实稳妥推进乡村建设等重点领域，从产业侧发力展开投资布局，在项目选择上把握组合投资原则，平衡经济效益与社会效益，立体化、分层次、多角度推动乡村产业兴旺和全面振兴。

1. 行业选择

乡村振兴主体在"三农"，解决问题则需要全社会共同努力，实现全面发展。

一是强化农业现代化基础支撑。科技与工业的发展程度决定了农业现代化的成色。种业科技、农机装备是科技与工业服务农业现代化的代表性行业，近年来的中央一号文件多次要求，要大力推进种源等农业关键核心技术攻关，提升农机装备研发应用水平。国投创益以打赢"种业翻身仗"为己任，重点投资生物育种领域，目前已通过管理的基金实现对隆平生物、大北农生物、先正达、杭州瑞丰、中农生物等生物育种头部企业的投资全覆盖，有力践行了乡村振兴"国家队"实现种业振兴的责任担当。另一方面，国投创益以强化现代农业物质装备支撑为方向，重点投资以农机装备为特色的先进制造领域。其中投资了潍柴动力、钵施然等企业，满足国内市场对CVT拖拉机、采棉机的迫切需求，打破国外大型机械企业对我国的垄断，推动我国高端智能机械的研发制造，引领农机装备现代化升级。

二是聚焦富民产业促进乡村发展。2022年中央一号文件提出，要持续推进农村一、二、三产业融合发展，继续开展农业品种培优、品质提升、品牌打造和标准化生产提升行动，引导企业到产地发展粮油加工、食品制造等一系列措施；要大力发展县域富民产业，支持大中城市疏解产业向县域延伸，发展带动农业农村能力强、就业容量大的产业。国投创益以农村一、二、三产业融合为导向，重点投资现代农业消费品领域，近年来累计在种植养殖、农产品加工、食品饮料等细分行业共投资项目60余个，投资了牧原、扬翔、壹号食品、益客食品、涪陵榨菜、天地人等一大批现代农业消费品产业链企业，通过不断引导产业围绕县域集中，推动龙头企业做强做大。国投创益以发展富民产业、建设美丽乡村为出发点，引导产业有序梯度向县域延伸转移，依托不同地域资源禀赋，重点投资了清洁能源、新能源材料领域，近年来投资了长远锂科、振华新材、中广核风电、桂东电力等一批社会效益好、带动能力强、符合国家战略方向的企业，引导企业在欠发达地区投资设厂，在为地方政府增税、为群众增收的同时，为助力欠发达地区驶入产业兴旺快车道、融入新经济发展带来了强劲动能。

三是助力扎实稳妥推进乡村建设。产业基金服务乡村建设要找好突破口，选准发力点，探索在公共服务和基金特点之间找到平衡。国投创益以加强基本公共服务县域统筹、深入推进紧密型县域医疗卫生共同体的政策方向为指导，重点在医疗健康领域进行了投资，以专科医院为特色，投资了何氏眼科、康宁医院、达康医疗等眼科、精神病、血液透析专科医院，并引导其以县域为中心，在欠发达地区建立医院，让欠发达地区群众就诊更方便、享受更多专科诊疗资源。

2. 项目选择

相对于脱贫攻坚，乡村振兴的实现周期更长，约束性条件相对较少。国投创益把握产业基金投资服务乡村振兴的特点，将三种类型的项目纳入考量范畴。

一是考量本土特色项目。通过投资培育一批具备一定市场竞争优势的欠发达地区特色产业项目，不仅能为当地发展带来可观的就业、增收及税收，而且企业自身的发展也能为基于本土资源的乡村特色产业发展带来良好的示范效应。投资项目选择上更加注重特色与资源禀赋相结合，企业成长与公司治理结构相适应，风险管控与退出机制相衔接。国投创益投资的海南天地人热带水果种植项目就实现了乡村振兴带动效益与经济效益的“双丰收”。

二是考量高成长性富民项目。农业农村的发展，需要大批优质企业的发展匹配广大农村与欠发达地区的需求。种业振兴、农业现代化、乡村宜居宜业等乡村振兴的前置基础条件，也需要种业、制造业等类型的企业提供技术及就业、税收等方面的支撑。这种类型的企业往往具有良好的技术和人才储备，正处于高速发展期，一方面需要快速拓展业务、完善制度；另一方面需要大量资金与资源的支持。国投创益投资了隆平生物、钵施然等企业，为企业送去了资金与管理的“及时雨”，助力企业更上一层楼，为乡村振兴做出更大贡献。

三是大型龙头企业项目。大型龙头企业价值链更丰富，抗风险能力更强，全产业链及就业税收方面的带动能力也更强。对于部分已经上市或者即将上市的大型龙头企业，其融资需求往往对接特定区域、特定项目。对于这一类型企业，项目选择应当把握项目与乡村振兴方向的匹配性，以 ESG 影响力投资框架引导其在广大乡村和欠发达地区创造增值收益、分享发展红利、实现社会效益。国投创益投资的华电福新、黄河水电等项目，投资额大、社会效益良好、符合国家战略方向，且将有望通过资本市场的滚动投资为乡村振兴目标持续发挥作用。

3. 以 ESG 体系为抓手推动乡村振兴

2021 年，国投创益积极转型，服务国家乡村振兴战略，引入 ESG 投资，并制定了具有创益特色的“星火”投资原则。“星火”原则聚焦乡村振兴急需和重点发展行业进行布局，已成为公司服务国家乡村振兴的重要载体和特色品牌。《国投创益：基于ESG理念的产业扶贫投资》作为金融扶贫类成功案例入选《中国乡村振兴之路白皮书（2021）》，受到社会各界的广泛认可。

国投创益的ESG指标涉及环境、社会、公司治理三大维度，有12个二级指标和29个三级指标。通过搭建ESG指标体系，国投创益已形成六大步骤的投资闭环管理，包括形成指标衡量标准；尽调收集企业ESG数据，根据ESG评级筛选项目；投资协议纳入ESG因素；定期评估企业ESG表现，开展培训并及时整改；引入外部鉴证核实数据，适时发布影响力投资报告；持续分析体系运行情况，滚动完善ESG指标体系等。

四、投资医疗健康，全力以赴参与抗疫阻击战

2020年突袭而至的新冠肺炎疫情，是中华人民共和国成立以来我国遭遇的传播速度最快、感染范围最广、防控难度最大的一次重大突发公共卫生事件，也是百年来全球发生的最严重的传染病大流行。

新冠肺炎疫情突袭而至后，以习近平同志为核心的党中央高度重视，及时科学研判疫情形势，采取强有力的措施，对全国的疫情防控工作实施集中统一领导，带领全党全国人民万众一心、共抗疫情。国投作为中央企业，积极响应党中央的号召，在国务院国资委的指导下，第一时间行动，全力以赴参与到了这场“抗疫阻击战”中。

新冠肺炎疫情之下，如何把短期应急方案转化为可持续的系统性改变，产生长期影响力，是投资价值链上端的资产所有人、中端的资产管理人、下端的被投资企业都需要认真思考的问题。国投第一时间响应中央决策部署，国投创新、国投创合、国投创业直投或旗下子基金投资的一大批医药医疗相关企业迅速行动，充分发挥在病毒检测、新药研发、

互联网医疗、药品和医疗物资生产供应等方面的专业优势，积极投身抗疫攻关，以科技力量助力疫情联防联控，为抗疫发挥了多方位的积极作用。

投资医疗健康领域，在抗疫过程中多方位发挥作用

国投充分发挥基金投资的功能作用，运用市场化手段在医疗健康领域的投资取得积极成果，这些企业全力以赴参与到抗疫阻击战中，在多个方面表现出色，彰显了国投作为国家投资公司的独特作用。

1. 助力病毒检测

国投创新投资的基因测序科研服务领域的领先企业——诺禾致源与多家临床医院和疾控中心合作开展新冠病毒相关研究，并向相关科研机构的病毒研究和疫苗研发无偿提供测序服务。诺禾致源医学检验所具备P2 级别实验室检测能力，配备了100 多名经过三级防护标准培训的实验人员，每天可完成1000 人份的检测，根据需要可快速扩展到数万人份。与此同时，诺禾致源积极研发满足现场快速需求的核酸检测试剂盒，可实现直接在一线现场检测，无须送样到高度防护的专业实验室，大大简化核酸检测的流程，提高诊断效率，助力疫情防控。此外，诺禾致源还开发了全球首套高通量基因测序智能交付系统，可实现从收样开始直到完成生信分析报告交付的全流程高效自动化运作，每天可完成近3000 个全流程基因测序样本制备和数万份简单样本的检测，可有效应对疫情防控的升级需求。

在新型冠状病毒核酸检测需求量大增的严峻形势下，国投创业投资的杭州景杰生物科技有限公司敏锐地提出了基于蛋白质组学技术的抗原抗体的检测思路，开发的试剂盒能够将鉴定的准确度提高到90% 以上，并能实现患者在感染第一周的早期诊断。通过逆向测序得到抗病毒抗体的序列，景杰生物给治疗药物的开发提供了新的途径。

2. 抗病毒药物研发

在对新冠肺炎患者的治疗中，国际医药公司的一些广谱抗病毒药物和针对其他病毒的药物，如瑞德西韦和羟基氯喹等在治疗过程中发挥了重要作用。但是我国在抗病毒药物研发方面和国外相比还是有一定的差距。国投看准时机，了解前沿进展，找到差距，加快布局，在抗病毒药物研发领域迎头赶上。

在原料药方面，国投创新投资的博瑞生物医药（苏州）股份有限公司，凭借高端原料药和特殊注射剂开发的技术积累，成功仿制开发了瑞德西韦原料药合成工艺技术和制剂技术。公司已经批量生产出瑞德西韦原料药，同时制剂批量化生产也正在进行中。

国投创新投资的苏州瑞博生物技术有限公司，在新冠肺炎疫情突袭而至之后的第一时间启动抗突发病毒小核酸创新药物应急平台，完成针对新型冠状病毒的小核酸候选化合物的设计和其他生物信息学工作，为武汉开展体外、体内抗病毒试验提供候选小核酸药物分子。

国投创合投资的北京天广实生物技术股份有限公司是国家高新技术企业、国家“863 工程抗体研发基地”依托单位。疫情发生后，天广实与军事科学院军事医学研究院毒物药物研究所合作进行 2019 - nCoV 人源治疗性抗体研发。天广实利用成熟的技术平台开展工程细胞株的构建，并通过小试工艺开发、动物模型构建、药效学评价、中试生产、安全性评价等完成 2019 - nCoV 人源化治疗性抗体制备及临床前研究。并且在获得工程细胞株后，直接放大到 200L 中试规模，符合 GMP 规范的情况下生产约 100 人份应急抗体。

3. 在线诊疗

在线诊疗能够帮助实体医院进行在线初筛和分诊，缓解实体医院的就医压力，避免物理空间的交叉感染。国投积极布局在线医疗平台，以科技医疗帮助更多的患病人群。

国投创业投资的杭州联众医疗科技股份有限公司，凭借在影像学联网诊断平台技术上的优势，迅速在多省建立“新冠肺炎影像咨询在线问诊平台”。自2020年2月1日起，联众医疗已在浙江、海南、黑龙江、辽宁、吉林、江苏和内蒙古等地开通该项服务。截至2020年2月12日，各地平台总计上传影像总量为105448例，专家团队通过移动端设备为基层阅片的总量为42358例（其余为上级医院院内诊断）。各地平台已形成“基层检查、上级诊断、上下联动”联防联控机制。在疫情防控中，为进一步提高对返城、复工人口流动高峰的处置能力，公司集成各地平台，建成“新冠肺炎影像平台门户站”，将“早发现、早报告、早隔离、早治疗”的范围扩大到全国。

为缓解重点地区的医疗压力，国投创合子基金投资的微医集团有限公司号召互联网平台上提供免费在线实时医疗救助。截至2020年2月11日，“新冠肺炎实时救助平台”访问量超过9854万，已集结28091名医生在线接诊，累计提供医疗咨询服务119万人次；发现新冠肺炎可疑病例1165例，疑似病例315例，确诊病例33例，同步报告有关司局并协助其中91人报告当地疾控中心。微医连接了全国2700多家重点医院、24万名医生，搭建起线上线下结合、全科专科融合的医疗资源供应体系，实名注册用户数超过1.9亿，累计服务人次超过6亿。同时，公司发挥自身优势，通过微医互联网总医院联合中国医师协会和中国医促会等机构，快速上线抗击疫情互联网公益诊疗平台——新冠肺炎实时救助平台。动员全国医生线上支援武汉，将大部分疑似患者、普通感冒、流感患者与新型病毒感染的肺炎患者区分，将诊疗关口前移，防止交叉感染风险，将有限的医疗资源更加有效地投入疫情防控工作中去。

五、促进社会就业，致力于服务“最大的民生”

就业是最大的民生，是社会稳定的重要保障。我国作为世界上人口和劳动力最多的发展中国家，“稳就业”需解决的难题本就不少，叠加新冠肺炎疫情的影响，就业面临的形势更加复杂严峻。在疫情期间，住宿餐饮、文体娱乐、旅游、批发零售等服务业受冲击较大，招聘用工总量明显下降，同时跨区域流动受阻，选择余地明显收窄，毕业生求职就业和农名工外出务工受到较大影响，疫情严重地区失业人员、大龄低技能人员、就业困难人员就业问题更加突出。

就业关乎国计民生，更关乎千家万户。新冠肺炎疫情发生后，习近平总书记多次主持召开会议，对稳就业作出一系列重要指示。国投贯彻落实党中央、国务院关于做好“六稳”工作、落实“六保”任务部署要求，扎实推进“抗疫稳岗扩就业”专项行动，抓好复工复产、促进社会就业，深入践行“就业是最大的民生”。

国投人力资源服务有限公司（以下简称国投人力）以“国聘行动”为抓手，展开各类招聘活动，形成了全社会广泛关注和共同参与高校毕业生就业工作的强大合力，展现了国资央企的责任与担当，以及集中力量办大事的制度优势。

2021 年，教育部为国投人力颁发“卓越合作伙伴”奖，以表彰国投人力在促进高校毕业生就业工作等方面做出的不懈努力和突出贡献。该奖项作为教育部每年向企业颁发的最高级别荣誉之一，专门用于表彰在服务高校毕业生就业中表现突出的单位。

国投人力扎实推进“促就业”，深入践行“为民生”

国投将“稳就业、促就业”作为重要政治任务，深入研究贯彻落实举措，充分发挥国投人力作为央企人才开发交流平台的作用，开展一系列人才活动，努力打好助力“稳就业、促就业”的“组合拳”。

1. 开展“国聘行动”

国投人力立足集团整体优势，发挥自身专业能力，依托互联网、大数据及人工智能等新技术，联合各方力量连续开展三季“国聘行动”，做精人才引进、做优管理咨询、做好灵活用工、做强综合服务，在抓好复工复产、促进社会就业方面发挥积极作用，充分体现国有企业稳岗扩就业的示范带动作用，向社会提供优质就业服务保障。

“国聘行动”启动以来，国投人力联合京津冀、海南自贸港、粤港澳大湾区等20多个地区，举办区域专场招聘会，央地招才引智合作模式基本成熟。主动联系国内、国际高校各1000多所，招聘就业持续引流的推广网络基本成型。举办张家口冬奥人才、博士人才、职业教育、创新创业等专场招聘活动；启动全球数字经济创新创业大赛；开设“国聘一带一路专区”，对接人才与企业的“走出去”供需，对外输出劳务人员7115人；国聘网对各类别、各层次人才的服务全覆盖取得成效。

2021年，国投人力“国聘行动”上升为国家级就业工程，组织大型融媒体招聘活动，支持以高校毕业生为主的重点群体充分就业。截至2021年年底，国聘平台注册人才数量超130万人，“国聘行动”组织2.4万余家用人单位发布240余万个招聘职位，收到简历800多万份。

国投人力将通过“国聘行动”持续投入资源力量集中发布更多岗位，充分发挥国家级就业工程效应；持续优化国聘平台性能、改善用户体验，提供高校毕业生网上签约服务；推出国聘实训职业能力等级认证，开展多种形式就业创业培训和职前岗前培训，免费提供职业指导、岗位推荐或就业见习机会，增强高校毕业生岗位适应能力。

2. 开展“国资央企促就业夏季招聘”

国投人力还依托国聘招聘平台专门搭建国资央企招聘平台，第一时间推出“国资央企促就业夏季招聘”大型网络招聘活动，通过设立专场招聘会、岗位地图、高校双选会、用人单位矩阵、云直播宣讲等立体化求职招聘栏目，方便高校毕业生快捷找到心仪企业及岗位，为广大求职者和用人单位提供优质、高效、放心的全流程服务。

在高校毕业生就业的关键阶段，国投主动对接用人单位，进一步挖掘岗位资源，做实做细就业指导服务，引导毕业生保持平实之心，努力服务更多高校毕业生实现就业。一方面，全程做好国资央企招聘全链条服务。聚焦搭建国资央企招聘专区，全面开展多形式、多场景线上招聘活动，积极提供在线考试、在线测评等全链条招聘服务，建设让求职者更加放心、更有公信力的招聘平台，引导国有企事业单位避免通过有外资背景和境外上市的招聘平台开展人才引进和招聘工作。另一方面，持续开展促就业夏季招聘活动。充分发挥央企人才开发交流平台的作用，全面深入对接央企集团、地方国资系统，联络用人单位持续发布更多岗位，帮助高校毕业生实现精准就业。

3. 全力支持保障国家级科创人才项目评选

为深入贯彻落实中央人才工作会议精神，服务新时代人才强国战略，国投人力主动作为，充分发挥数字化人才平台优势，全力支持第五届“中国创翼”创业创新大赛和第五届“杰出工程师奖”评选活动。

第五届“中国创翼”创业创新大赛由中华人民共和国人力资源和社会保障部、中华人民共和国国家发展和改革委员会、中华人民共和国科学技术部、共青团中央、中国残疾人联合会、国家乡村振兴局联合主办，通过选拔全国优秀创新创业项目及个人、宣传推荐创业典型、政策（资金）奖励扶持，推进“大众创业、万众创新”向更高质量发展。

第五届“杰出工程师奖”是科技部和国家科学技术奖励工作办公室批准，由中华国际科学交流基金会设立的社会力量科学技术奖项，主要表彰全国范围内在各领域做出突出贡献的工程技术人员，促进科学技术成果转化和产业技术进步。

国投人力积极对接科技部、人社部相关承办单位需求，不断深化同各方合作，充分发挥人才评鉴和数字平台开发优势，坚持提供一流服务，主动承担大赛方案策划、专家评审评价、数字化平台搭建等重点任务，全力确保活动顺利举办，对提升企业社会影响力、发现挖掘优质项目、延揽储备高端人才具有现实意义。

第八章

以投资创造更美好的未来

世界在变，中国在变，国投社会责任管理的理念和实践都需要不断创新。国投成立 27 年来，始终走在改革前列，将时代要求、国家使命、责任担当和企业发展有机统一，在服务国家战略中获得快速成长。在正式转为国有资本投资公司后，国投将继续立足国有资本投资公司实际，积极践行责任投资，不断创造长期价值回报，拥抱可持续发展。

一、强化责任理念，坚持责任引领

使命在身，理念在心。面向未来，国投将坚持责任投资，践行 ESG 理念，以愿景使命为引领，结合利益相关方的期望和诉求，提升公司履责水平，持续发挥具有国投特色的国有资本投资公司功能和作用，助力公司实现高质量可持续发展。

1. 应对全球可持续发展新形势

气候变暖、环境恶化、资源短缺、新冠肺炎疫情蔓延等问题正成为全球性、系统性的发展威胁，ESG 理念因符合可持续发展的趋势和要求而逐渐在全球范围内达成共识，与环境和社会问题相关的 ESG 风险正引起政策制定者和投资者越来越多的关注。绿色发展是我国经济转型的重要方向，作为一种新兴投资理念，ESG 投资兼顾经济与社会效益，与我国新发展理念高度契合，已成为“双碳”战略的重要抓手。面对新形势，国投积极推进 ESG 理念全面融入公司治理各个环节，结合国家战略需要，在关键领域和重要行业努力培育有竞争优势、有核心技术、有市场影响力的项目，推动产业可持续健康发展，发挥好国有资本的引领带动作用。

2. 回应资本市场 ESG 发展新要求

截至 2022 年，国内投资机构中加入联合国负责任投资原则组织

（UN PRI）的机构增长至74家。在UNPRI的推动下，ESG投资与责任投资的理念开始在全球资产管理行业快速发展。从国际资本市场看，2021年12月，全球ESG基金总资产已达到2.74万亿美元，较2020年增长66%。从国内资本市场看，2016年中国证券投资基金业协会积极推广ESG理念，发起并开展了ESG专项研究。2022年国务院国资委发布《提高央企控股上市公司质量工作方案》，要求中央企业集团公司要统筹推动控股上市公司进一步完善ESG工作机制并提升ESG绩效，力争央企控股上市公司到2023年实现ESG报告披露“全覆盖”，在资本市场中发挥带头示范作用。面对新要求，国投将依照国务院国资委“抓好中央企业社会责任体系构建工作，指导推动企业积极践行ESG理念，主动适应、引领国际规则标准制定，更好推动可持续发展”的工作部署，全面推动社会责任管理工作深入开展，贯彻ESG理念，加强ESG治理，不断完善体系建设，推动尽快建立符合中国国情和公司发展实际的ESG共识及标准。

3. 建设世界一流资本投资公司

从一定意义上说，没有一流的社会责任管理，没有令人尊敬的企业形象，就不可能建成真正的一流企业。在高质量发展新阶段，社会责任已经成为世界一流企业越来越重要的评价标准。国投认真贯彻落实习近平总书记指示批示精神和党中央国务院决策部署，以“产品卓越、品牌卓著、创新领先、治理现代”十六字为目标，扎实开展对标世界一流管理提升行动。按照公司“十四五”总体规划及“对标世界一流管理提升行动”的总体安排，国投进一步强化责任理念，于2021年10月发布新的企业文化和品牌，将战略投资、价值投资、责任投资确定为国投的投资理念，为进一步做好社会责任管理工作奠定了理念基础。

二、完善责任管理，提升履责能力

科学规范的责任管理体系和务实高效的履责能力是落实责任理念的必要条件。国投持续加强社会责任工作顶层设计，逐步将社会责任理念融入发展规划、投资流程、项目执行、考核评价等管理全流程，吸纳社会责任因子搭建一系列量化指标形成精细化引导，并不断优化相关环节和流程，持续推动公司社会责任管理升级。

1. 社会责任管理工作方向

2022 年 7 月，国投通过问卷、访谈、座谈等形式，对全集团的社会责任管理现状进行了一轮全面评估，通过调研全面了解集团社会责任管理建设情况，为完善国投的社会责任管理体系提供重要参考。通过对标一流企业的社会责任管理实践，结合评估调研结果，进一步厘清了社会责任工作的差距，明确了社会责任管理工作提升的方向。

治理层面，国投将建立总部—子公司—控股投资企业三级有效联动的社会责任管理组织架构，完善以集团为核心的社会责任目标设定与管理机制，推进集团各层级公司的社会责任治理，将社会责任工作纳入董事会决策内容，成立专门委员会形成由上至下的统筹管理体系，将社会责任关键议题进行体系化管理，包括明确全面的战略目标、时间表、问责制度、预算及绩效管理系统等。

管理层面，国投将出台社会责任管理指标体系及评估体系，建立以集团为核心的社会责任指标评估库与指标收集流程，逐步推进将履责业绩纳入年度绩效考核，此外通过搭建社会责任专项培训体系，在全集团层面普及社会责任相关知识，提升全员社会责任意识，促进国投更好践行社会责任投资原则。

实践层面，国投将社会责任纳入投前评估与管理体系，建立负责任投资管理负面清单，指引公司投资对象提升社会责任工作成效。持续推动被投项目开展社会责任管理，以实践促进可持续发展。此外，为应对气候变化积极开展气候风险与机遇的识别与评估工作、集团层面的碳核查及统计分析，并将气候变化风险融入投资决策的量化指标。在社区发展方面，计划成立专门组织（例如慈善基金会），推动公益资本的有效配置和运作。同时，国投将整合内外部资源，梳理公司业务线条，实施既符合公司业务定位，又具有社会公益性的落地项目，提升公司社会责任工作成效，及时回应政府、社会公众等利益相关方关切。

披露层面，国投将提升社会责任信息披露渠道建设的专业性，针对不同利益相关方定制化展现履责实践与成效。同时，加强社会责任品牌建设与传播工作，推进社会责任品牌与集团品牌建设宣传管理全面融合，强化打造责任品牌，鼓励各子公司参与制定行业内国际标准或加入社会责任相关组织协会，提高国投在行业内的影响力及公信力。

2. 社会责任管理重点工作

国投制定《社会责任管理三年行动提升计划》，确定了国投社会责任战略目标、社会责任管理对象及关键议题，明确了服务战略、统筹兼顾、全面融入、持续改进四项社会责任管理原则，从制度建设、实践推进、业务融合三方面制订管理提升路径和实施计划，目标到 2025 年，公司社会责任管理能力大幅提升，企业特色与社会责任融合的品牌建设取得显著成效，行业内社会责任影响力稳步提升。

完善制度体系建设。建立公司社会责任工作机制，完善组织架构，出台管理办法，推进社会责任指标体系搭建，以指标为抓手逐步推进评估考核。

提升上市公司 ESG 治理水平。国投将基于社会责任管理架构融入 ESG 管理职能，根据监管要求制定 ESG 相关管理办法，明确上市公司 ESG 重点工作，为各业务单元开展 ESG 治理提供工作指引与标准，力争 2024 年集团所属上市公司全部发布 ESG 专项报告，促进上市公司

ESG 治理水平提升。

加强社会责任信息披露。国投将持续编制和发布高质量社会责任报告，加强集团整体责任信息披露力度，旗下上市公司将按照监管机构信息披露要求，编制和发布 ESG 报告，在满足监管合规要求的基础上，有效回应投资者等各利益相关方的关注。

探索综合性落地项目。国投将探索实施既符合公司业务定位，又能提升公司责任品牌效应的综合性落地项目，通过整合现有资源，依托多元产业优势，打造具有国投责任品牌特点的社会发展实践项目，对产业发展、乡村振兴、文化建设等民生保障、社会治理的支撑作用进一步凸显。

三、深化责任投资，创造长期价值

责任投资是价值创造的关键杠杆之一，可以为投资方创造更好的商业成果，同时也对被投企业和利益相关方产生积极影响。国投将持续深化责任投资，深入运用融合 ESG 投资理念及“战略投资、价值投资、责任投资”三大投资理念的“两个三向度”筛选机制，以责任投资驱动社会责任管理，对标世界一流投资机构，塑造具有前瞻性和稳健性的投资组合，坚持做产业投资的引领者、美好生活的创造者、持续回报的投资者。

1. 将“两个三向度”作为投前决策的硬指标

坚持至少满足两个投资理念的“二度相交”筛选机制，放大 ESG 因素和三大投资理念“两个三向度”在投前阶段的作用，将“ESG 三向度”和“投资三向度”作为投资决策的硬性指标，从项目筛选环节延伸到项目评估和尽职调查等环节，保障国投所投项目始终聚焦战略、创造价值、为环境和社会产生正向影响。

2. 将“两个三向度”作为投中风控的重要抓手

通过“ESG 三向度”对非财务风险数量和类型进行识别和评估；通过“投资三向度”设定追求价值的过程中可以被接受的风险偏好和容忍度，在投中阶段的全面风险管理提供重要抓手。提升“两个三向度”的有效结合，并根据监管要求和外部环境的变化，及时审查和修订风险等级，进行动态管理和排查，增强国投对新兴、非传统风险的适应力及韧性，构建更加主动的风险管理图，为长期发展和价值创造织就牢固可靠的安全网。

3. 将“两个三向度”作为投后管理的风向标

注重投后管理，做全级次控参股投资企业高质量发展的合作伙伴，始终将“向度相交”作为投后阶段管理、监督、评价和改进的风向标。通过行使投票权、沟通对话等方式，践行积极股东策略，引导控参股投资企业改善公司治理、加强风险管理、拓宽战略空间，进而提升其可持续价值创造能力。

没有人喜欢不确定性，但我们必须在变化中迎接未来。国投将牢牢把握国有资本投资公司的功能与定位，持续发挥国有资本投资公司的引领、示范和带动作用，扎实做好社会责任各项工作，为央企社会责任管理工作贡献国投方案和国投智慧，以投资创造更美好的未来。

附录

国投企业社会责任大事记

2009 年

（1）首次举办企业社会责任报告发布会，国投发布了第一份年度社会责任报告《2008 企业社会责任报告》，系统披露公司社会责任实践。

（2）国投获得“中央企业优秀社会责任实践”荣誉。

2010 年

（1）国投成立社会责任工作委员会，由公司董事长担任委员会主任，其他公司领导为委员会委员，统筹研究和部署公司社会责任工作，建立和完善公司履行社会责任的体制机制。

（2）中国扶贫基金会授予国投“2010 年度新长城教育扶贫突出贡献单位”荣誉。

（3）国投中鲁获“金蜜蜂”责任采购奖。

2011 年

（1）国投将社会责任纳入中级管理人员的上岗培训课程，旨在深入贯彻社会责任理念，将社会责任理念融入公司管理。

（2）国投荣获中国扶贫基金会“2011 年度公益爱心奖”。

（3）国投《2010 企业社会责任报告》获得《WTO 经济导刊》与北京大学社会责任与可持续发展国际研究中心联合发布的“金蜜蜂 2011 优秀企业社会责任报告单项奖”。

（4）国投钦州在联合国环境规划署等机构联合举办的第四届中国绿色发展高层国际论坛上荣获“中国十佳绿色责任企业”称号。

（5）国投旗下中国电子工程院自主设计的超高层建筑空中华西村荣获“绿色亚洲人居环境奖·亚洲农村美丽新地标”。

2012 年

（1）国投被国务院国资委授予“2012 年度中央企业管理提升活动优秀组织单位”称号。

（2）国投荣获“2012 年度首都慈善事业企业社会责任奖”“新长城教育扶贫突出贡献奖”。

（3）国投荣获“2012 年具价值管理榜样奖”“第六届管理行动奖优秀奖”。

2013 年

（1）国投积极响应国家号召，发起设立贫困地区产业发展基金，发挥公司基金管理经验，开展贫困地区产业扶贫，支持我国贫困地区经济发展，正式组建“国投创益产业基金管理有限公司”，作为贫困地区产业发展基金管理人，具体负责项目选择、项目投资，以及投后管理等事项。

（2）国投荣获中央企业“节能减排优秀企业”称号；公司全面预算管理系统和集团财务合并系统在财务及经营管理领域的良好应用，获得甲骨文全球“最佳集团管控提升奖”。

（3）国投北疆以每吨 28 元出售碳配额指标，交易量 1 万吨，完成了天津碳排放交易市场的首单交易。

2014 年

（1）国投被中国扶贫基金会授予“2014 年度扶贫明星奖”，自 2002 年参加中国扶贫基金会启动的“新长城”项目以来，连续第 13 年荣获表彰。

（2）我国“西电东送”标志性工程，拥有世界最高拱坝、最大规模水工隧洞群，雅砻江上装机规模最大的锦屏水电站14台60万千瓦机组全部建成并投产发电。

2015年

（1）国投荣获“贵州省社会扶贫先进集体”称号。

（2）国投钦州发电获“广西节能减排荣誉成就奖”。

2016年

（1）国投连续14年被中国扶贫基金会授予“年度扶贫明星奖”，荣获由新华网、中国社会科学院共同颁发的“2016中国社会责任精准扶贫奖”，并入选首部《中国企业社会责任年鉴（2016）》。

（2）国投精准扶贫作为优秀案例被纳入由中国社会科学院企业社会责任研究中心和中国扶贫基金会共同编制的《企业扶贫蓝皮书（2016）》。

（3）实施国投“幸福+”员工关爱项目，宣传并推广“国投V健康”APP上线运行，创新将“互联网+”与员工关爱相结合。

2017年

（1）国投《2016企业社会责任报告》被中国企业社会责任报告评级专家委员会首次评为五星级报告，并举办首个央企社会责任专题展，推出国投首部社会责任专题片。

（2）国投北疆首单绿色债券成功注册，成为国内首单绿色短期融资债券、首单全国火电行业循环经济的绿色债券。

（3）国投创益央企扶贫基金首只子基金——中央企业贫困地区（贵州）产业投资基金成功落地贵州，探索加快引导地方资源共同支持贫困地区产业发展的新模式。

2018 年

（1）国投《2017 企业社会责任报告》首次以“从心出发、匠心经营、倾心守护、真心奉献、爱心相通”五心行动为框架构建责任品牌，获评中国社会科学院五星级社会责任报告，再度获评《WTO 经济导刊》杂志社“金蜜蜂 2018 优秀企业社会责任报告·领袖型企业奖”。

（2）国投在中国社会科学院发布的《企业社会责任蓝皮书（2018）》中，社会责任发展指数位列中国国有企业第六位。

（3）国投发布首份《国投海外社会责任报告（1995—2017）》，发布首部海外社会责任专题片。

（4）“国投慈善 1 号信托”获评民政部第十届“中华慈善奖”。

2019 年

（1）国投联合中国社会科学院、责任云研究院和其他企业代表，共同支持出版《企业社会责任基础教材（第二版）》，助推责任教育和中国企业社会责任发展。国投《以产业基金探索产业扶贫新路径》案例入选教材，并荣获优秀案例证书。

（2）国投在中国社会科学院社会责任百人论坛上获评“卓越社会责任企业奖”。

（3）国投首次推出《创新与未来》科技创新专项报告。

（4）国投创益发布《中央企业贫困地区产业投资基金 2016—2018》，这是央企扶贫基金发布的首部社会责任报告。

2020 年

（1）国投入围中国社科院《企业社会责任蓝皮书（2020）》十大责

任国企、责任指数综合 30 强企业并荣获“卓越责任企业奖”。

（2）国投发布《扶贫白皮书（1995—2020）》专项报告。

（3）国际知名财经媒体 *The Asset* 将国投定价发行的 5 亿美元 5 年期绿色债券评为 2019 年度准主权类“最佳绿色债券奖”。

（4）国投电力荣获“伦敦证券交易所绿色经济标志”，成为第二家获得该标志的伦交所上市中国企业。

（5）国投人力组织开展“国聘行动”，累计帮助全社会各类企业发布就业岗位超 100 万个。

（6）国投成立绿色金融工作组，加大对绿色发展的指导与支持；5 月 19 日，国投首次对外发布《国家开发投资集团有限公司 2019 年度绿色金融报告》，全面展现公司绿色金融和绿色经济总体布局。

（7）2020 年，国投创益出版发布《产业基金扶贫实践与探索》，介绍了产业基金自成立以来在服务国家脱贫攻坚战略中进行的模式探索与发挥的作用，为产业基金服务国家战略解决各类民生问题提供了借鉴与参考意义。

2021 年

（1）国投焕新发布企业文化和品牌标识，“以投资创造更美好的未来”。

（2）《国投创益：基于 ESG 理念的产业扶贫投资》作为金融扶贫类成功案例入选《中国乡村振兴之路白皮书（2021）》。

（3）国投电力纳入恒生 A 股可持续发展企业指数成分股。

（4）国投创益、国投瑞银基金正式加入联合国负责任投资原则组织（UNPRI），成为国内签署该原则、承诺践行六大负责任投资原则的公募基金管理公司之一。

（5）由国投、国投委主办的负责任投资——国有投资公司面向

“3060”共同行动在京举办，举行《负责任投资——国有投资公司面向“3060”的共同承诺》签署仪式。

（6）参加由中国社会责任百人论坛主办的“第十三届《企业社会责任蓝皮书》发布会暨 ESG 中国论坛 2021 冬季峰会”等活动，加强同各界在社会责任方面的经验交流，会上国投入选中国首批十家 ESG 示范企业。

（7）国投《“大爱若水 筑梦启航”，雅砻江志愿者在行动》案例获评《中央企业社会责任蓝皮书（2021）》“公益慈善”议题优秀案例。

（8）国投《2020 企业社会责任报告》首次被中国企业社会责任报告评级专家委员会评为“五星佳”级报告。

2022 年

（1）国投连续 18 年荣获国务院国资委经营业绩考核 A 级，连续六个任期荣获任期考核 A 级，成为 8 家连续 18A 的中央企业之一。

（2）国投发布《2021 企业社会责任报告》，首次将“ESG 投资”理念和公司业务相融合，从 ESG 三个维度深度挖掘国投的实践故事，强化了国投“负责任投资”的理念与行动。《2021 企业社会责任报告》被中国企业社会责任报告评级专家委员会评为“五星佳级”。

（3）国投发布《2021 海外社会责任报告》。

（4）国投金城冶金被授予“2021 河南社会责任企业”。

（5）国投创益发布首部“ESG + 影响力”报告，凭借着持续的产业深耕和优异的投资业绩入选 2022 投资机构软实力排行榜（GP 榜）TOP100 和社会责任排行榜 TOP20。

（6）国投启动社会责任管理体系建设项目，旨在打造具有国有资本投资公司特点、体现国投品牌特色的社会责任管理体系。